中等职业教育精品教材

中职生就业指导

主　编　何青好　陈苇宜　慕绍鑫
副主编　余　霞　刘艳惠　罗　涛　罗春祥　廖新有

中国人民大学出版社
·北京·

编委会名单

前言 PREFACE

党的二十大报告指出，要“健全终身职业技能培训制度，推动解决结构性就业矛盾”。就业指导作为职业教育的重要内容，应当贯穿于职业教育发展始终。

本书以习近平新时代中国特色社会主义思想为指导，深入贯彻党的二十大精神，落实立德树人根本任务，以社会主义核心价值观为统领，将知识传授与能力培养融为一体，旨在帮助中职生适应新的就业形势，树立正确的就业观念，提升自身的综合素质，掌握一定的就业及创业技巧，成为德才兼备的技术技能型人才。

本书根据企业、社会对人才需求的调查结果，以就业各个阶段容易出现的问题为导向，按时间顺序进行编写，分为就业准备、就业进行时、就业规划三篇，每篇设 2～3 章，共 8 章，每章又分设若干节，从篇到章到节，系统帮助学生明确和解决就业过程中知识、能力、心理、政策等方面的要求及困惑。

本书遵循中职学生认知规律，采取行动导向教学模式，在每节中设置“学习目标”“职业角”“就业小技巧”“活动园”“行动建议”“课后阅读”栏目，从知到信到行，培养学生分析案例、解决问题、动手实践的能力，强化实践教学。

本书对应的课程建议安排在学生实习就业前一学期开设，按照 18 周、每周 1 课时进行教学安排，总课时为 18 课时。

篇	章	内容	课时
就业准备	第一章	能力准备	4
	第二章	心理准备	2
	第三章	技巧准备	4
就业进行时	第四章	职场心理调节	2
	第五章	法律知识护航	2
	第六章	职场小窍门	2
就业规划	第七章	规划未来的职业发展	1
	第八章	创业	1
总课时			18

本书的主要特色如下：

1. 价值观教育与知识学习、能力培养相结合

就业指导虽然是一门职业技能培训课程，但属于中职思政课程的拓展模块，有较强的思想政治性。本书以社会主义核心价值观为统领，将价值观引领与知识学习、能力培养有机融合，在知识传授与能力培养的过程中引导学生树立正确的世界观、人生观和价值观。

2. 理论性与实践性相结合

本书遵循中职学生的认知规律，通过各类栏目设置，将理论与实践相结合，实施行动导向教学模式。

3. 目标导向与问题导向相结合

本书明确落实立德树人根本任务、培养德才兼备技术技能人才的目标，结合企业、社会对人才需求调查中发现的问题，形成课程的整体架构及每课的内容安排。

4. 主导性和主体性相结合

本书内容设置充分体现教师主导及学生主体。教师启发、组织学生思考、讨论案例，进行知识学习和行动实施。学生在教师引领下自主探究、小组合作、动手实践，自主建构知识与能力。

本书由何青好、陈苇宜、慕绍鑫担任主编，余霞、刘艳惠、罗涛、罗春祥、廖新有担任副主编，马琳、廖君燕、余静君、张钟艺、谢竹华、郑景宁、蒋俊岸、刘新伟、孙玉生、唐小群、杨文广、周彬参与编写并进行审核。另外，我们参考了其他相关类型书籍的有关内容，在此向有关作者表示感谢。

由于编者自身水平有限，本书难免有不当之处，恳请广大师生批评指正，及时提出修改意见和建议，我们将认真听取并不断完善和提高。

编　者

目录 CONTENTS

第一篇　就业准备

第二篇　就业进行时

第三篇　就业规划

第一篇

就业准备

第一章 能力准备

根据对用人单位的调查结果显示，企业对学生的职业道德素质、团结协作精神、沟通表达能力、实践动手能力、人际交往能力、学习创新能力等最为重视。因此针对学生就业前的能力准备，我们设置了责任、合作、沟通、创新四个方面的内容。本章旨在培养学生的工作责任心、与人合作的意识，提高学生的人际沟通能力，使学生具备创新精神，为今后职业生涯发展做好准备。

建议学习时充分利用教材中的案例、游戏、测试、问题，运用案例分析、实践活动、小组合作等方式进行。

第一节 责 任

学习目标

1. 认识责任感的重要性。
2. 培养工作责任感。
3. 培育健全人格。

职业角

案例一

学生小吴被学校安排在某电子元件有限公司实习，上班仅三天就退缩逃避，经常不上班。其后又借故不习惯工厂环境，最终离开企业。

小吴在学校时就比较懒惰，怕吃苦，面对困难总爱退缩。老师多次与她谈话，鼓励她做事要有毅力，要敢于承担责任，并安排一些简单容易的事让她做，收效倒也不错。然而，到了工厂以后，由于工厂条件艰苦，她并没能迎难而上，一开始在思想上就产生了退缩念头，上班时也是心不在焉，总想着玩，并多次向工厂申请不加班。后来，由于工厂赶工，需要加班，小吴便向老师诉苦，并恳求老师帮其请假。老师给她做了一个多小时思想工作，并鼓励她坚持做好工作。在老师的鼓励下，她前两天还好，坚持了下来，但是第三天又退缩了，最终辞工。

点评：实习是规范而严肃的，小吴同学却随意而为。在生活中拈轻怕重，遇到事情稍不如意，就退缩逃避。且不说这样的举动给工厂的生产、学校信誉造成伤害，对其本人来说，如此消极态度，也是可悲的事情。同时，没有一点责任、担当，对她以后的成长与发展是相当有害的。

案例二

实习学生小张认为："我确实是生病了，但厂里说没医院证明不批假。我当时很难受，只想在家休息，管不了这些规定了。但是事后，厂里要算我旷工，扣工资，这样的管理真是苛刻。"

机电班学生小杰向工厂请假一天，工厂并未批准他就走了，第二天回来工厂把他开除了，他非常不服气："在学校的时候我跟班主任说一下就行了，为什么工厂要开除我？"

思考：在企业，如果需要请假，应该如何做呢？

按照企业的管理制度，请病假的一般程序是：填写请假单，出具医院证明，找相关人员（一般为班组长或科长）签字批准。口头请假、电话请假、事后补假是不认可的，即便是上级领导当时口头应允也是无效的，在工资结算时仍按旷工处理。

点评：按企业规章制度办事是一名员工的责任，工厂有工厂的管理制度，作为工厂基层管理人员应按制度办事。学生往往喜欢将企业和学校作比较，把学校的包容看成理所当然。作为学生，我们应学会调整自己，尽快适应企业的管理制度，适应社会，走好自己的人生之路。

案例三

某厂招聘仓管，高三（16）班陈同学对这份工作很有意向，经过两轮面试后被该厂录用，但因该岗位涉及财物保管，该厂要求员工上交家庭房产证复印件，陈同学思量再三，终因怕担责任，未去上班。

高三（12）班阿康同学辗转多家单位面试未成功，后被推荐面试某汽修收银员，被录用，但临上班前一晚跟老师打电话说不想去了，原因是怕收到假币，且对与同事、顾客打交道有顾忌，后经老师劝说开导，才去上班。

点评：对前一案例，用人单位要求学生上交家庭房产证复印件，这一做法是否合理我们另作讨论。陈同学心里总是害怕，怕承担责任，老师只能尊重其意见，后来他自己也觉得很遗憾。对后一案例，有些学生求职时躲躲闪闪、胆小、畏缩，不敢承担任何责任，究其原因，还是缺乏自信，对自己评价过低，这种心理严重妨碍了一部分中职毕业生参与就业竞争，使得那些原本有一技之长的毕业生陷入“不战自败”的困惑。

就业小技巧

责任感

托尔斯泰说过：一个人若没有热情，他将一事无成，而热情的基点正是责任感。责任感对于一个人的成长是非常重要的。什么是责任感呢？简单地说，责任感就是愿意做自己应该做的，努力做好自己应该做好的，不做不该做的。

不难发现，现在各行各业广纳贤才时，条件上都会注明“有责任感”这一条。可见，企业是多么重视一个人的责任感。如果说智慧和能力像金子一样珍贵，那么勇于负责的精神则更为可贵。任何一个老板都清楚，一个勇于承担责任的员工对于企业有着重要的意义。一个人的工作能力也许有限，但是，他可以用自己强烈的责任感，使自己有限的能力发挥到最大。企业往往愿意信任一个能力一般但有较强责任感的人，而不愿重用一个能力很强但缺乏责任感的人。所以，要想拥有美好生活，必须学会承担责任。

具有工作责任感的表现

一、做好本职工作

人在某一个工作岗位上待一段时间后，会有倦怠感；有时候重复同样的工作，厌烦的情绪就开始出现。这个时候你必须有正确的认识：这是我的工作，我必须好好完成它。一个人的责任心有多强，他的工作就会有多出色。“思想有多远，路就有多远”，责任心永远是职场成功的基石。

二、不寻找借口

一个人开始为自己的种种失误寻找借口时，我们就有理由怀疑他不是一个尽职尽责的人，因为一个负责的人绝不会找借口来为自己开脱。工作中，当分配任务时，不寻找种种理由推托；当出现失误时，不绞尽脑汁为自己申辩。这样的人，才能获得用人单位的青睐。

三、问题到此为止

在工作中，有些人总是把问题推给别人，懒得自己出力解决。这是典型的不负责任的行为。这样的人将逐渐被职场淘汰。真正负责任的人在发现或接手问题后，总是第一时间想办法解决，让问题到此为止。这样的人才能在职场上获得发展。

做一个被尊重的人，首先应该做一个有责任感的员工。只有在工作中努力做好角色分内的工作，并能够履行角色道德义务，不断地提升自己，才能够被企业、同事所认可，成为一个受人尊敬的人。

活动园

游戏——勇于承担责任

【游戏规则】

1. 学生相隔一臂站成几排（视人数而定）。老师喊 1 时，向右转；喊 2 时，向左转；喊 3 时，向后转；喊 4 时，向前跨一步；喊 5 时，不动。

2. 当有人做错时，做错的人要走出列队，站到大家面前先鞠一躬，举起右手高声说："对不起，我错了！"

3. 游戏结束后请学生们分享自己的感悟。

【游戏目的】

通过游戏，让同学们感受到，面对错误时，大多数情况是没有人立即主动承认自己犯了错误；少数情况是有人知道自己错了，但没有勇气立即主动承认，因为很难克服心理障碍；极少数情况有人立即主动站出来承认自己错了。

工作责任感小测试

通过下面的测试，你可以检查一下自己的责任感如何。每个问题你只需要答"是"或"否"。

1. 与人约会，你通常准时赴约吗？
2. 你认为自己可靠吗？
3. 你会因未雨绸缪而储蓄吗？
4. 如果发现朋友犯法，你会立即通知警察吗？
5. 出门在外，找不到垃圾桶时，你会把垃圾带回家吗？
6. 你经常运动以保持健康吗？
7. 你不吃有害健康的食物吗？
8. 你永远先做正事，再做其他事情吗？
9. 你从来没有错过任何选举活动吗？
10. 收到别人的信，你总会在一两天内就回信吗？

11. “既然决定做一件事情，那么就要把它做好。”你相信这句话吗？

12. 与人相约，你从来不会耽误，即使自己不舒服时也不例外吗？

13. 你没有犯过法。

14. 在中学，你几乎不拖延交作业。

15. 小时候，你经常帮忙做家务吗？

请对照下面的评分方法，计算出你的得分为________。

【评分方法】

如果你回答“是”，请为自己计 1 分；如果回答“否”，请为自己计 0 分。

【结果分析】

10～15 分：你是个非常有责任感的人。你行事谨慎、懂礼貌、为人可靠并且相当诚实。

3～9 分：大多数情况下，你有责任感，只是偶尔有些率性而为，考虑得不是很周全。

0～2 分：你是个不负责任的人。你一次又一次地逃避责任，导致每个工作都干不长，手上的钱也老是不够用。

【心理视点】

得分低的同学不必灰心，责任感是可以培养的。注意生活中的细节有助于责任感的养成，比如一个书店的营业员能勤擦拭书架上的灰尘，一家公交公司的司机让汽车每天保持整洁，渐渐地就会习惯成自然。当责任感成为一种习惯，成为一种生活态度，我们就会自然而然地担负起责任，而不是刻意地去做。当一个人自然而然地做一件事情时，当然不会觉得麻烦和辛苦。

请逐步培养自己的责任感吧。

行动建议

“我想会有人处理的”“没有人问过我”“不关我的事”“没有人告诉我啊”“为什么要找我？”“反正又没有人会知道”“反正不太重要”“反正大家都这么做”……这样的话讲多了不单给别人留下自私的印象，慢慢地，你也会变成一个没有责任心的人。

最近，你是否用过这类语言呢？如果有的话，就要认真思考，努力改变自己哦！换一个回答，你马上会变得金光闪闪、让人敬佩！

下面我们来试试吧。四人为一小组，集体讨论答案。

当想讲“我想会有人处理的”的时候，变为“让我来想想办法”或者“让我来处理吧”。

当想讲“没有人问过我”的时候，变为________________________________

____

当想讲“不关我的事”的时候，变为________________________________

____

当想讲“没有人告诉我啊”的时候，变为________________________________

____

当想讲“为什么要找我?”的时候，变为________________________________

____

当想讲“反正又没有人会知道”的时候，变为________________________________

____

当想讲“反正不太重要”的时候，变为________________________________

____

当想讲“反正大家都这么做”的时候，变为________________________________

____

课后阅读

从企业的角度看学生

企业如何看待学生？我们走访了本市多家实习单位，与企业人事、生产相关人员的充分交流，并发放了调查问卷。从问卷调查表统计数据得出：用人单位对实习生的总体评价不高，认为实习生表现很好的占17%，较好的占38%，一般的占33%，不好的占12%。学生的突出问题表现为就业期望值过高；劳动态度不积极；纪律观念不强，迟到、旷工现象时有发生；人际交往能力较差；爱岗敬业、吃苦耐劳、团结协作精神不足；专业知识与技能有待提高等。

对于“你认为毕业生最欠缺的能力是什么?”的问题，用人单位认为学生最欠缺的工作能力前五项依次是实践操作能力、团队协作能力、人际交往能力、心理承受能力、创新能力。

以下是来自各企业的人事主管的声音：

某电子元件有限公司人事罗经理：实践证明，八成以上学生经受住了挑战，但是学生们还迫切需要加强吃苦耐劳精神的培养；建立对岗位管理的服从意识；提高沟通表达能力、团结协作能力、抗压抗挫能力，以满足企业、社会对一线技能型人才的要求。

某科技电子有限公司蔡经理：学生实习的整体表现女生优于男生，在服从管理上还存在诸多问题，如经常请假、叫苦叫累，许多同学还不能摆正心态，做事比较散漫。

某金属制品有限公司吉科长：学生的职业道德素养还有待提高，对工作的服从性、纪律性观念还有待加强。

中国好人——甘剑锋

甘剑锋，湖南省岳阳市国网岳阳开发区供电支公司配电运检（抢修）班班长。甘剑锋主要负责岳阳开发区范围内 50 条配电线路上的环网柜、变压器、导线、电缆、开关柜等设备以及台区低压抢修业务，线路长度共计 1 217.99 千米，台区 468 个。自 2003 年从部队退伍转业以来，甘剑锋已在电力抢修一线坚守了 20 个年头，不论春夏秋冬，面对电力故障和群众诉求，甘剑锋总是第一时间出动解决。

40 小时鏖战　尽显军人本色

“二十四小时待命，是电力抢修人的基本素质。”对退伍军人甘剑锋而言，180 个电话，是他每天要拨打和接听的电话数量，随时待命，是他每天工作的常态。

2022 年 2 月 7 日凌晨，气温骤降，突如其来的暴雪导致岳阳城区电力线路受到不同程度影响。凌晨 1 时，甘剑锋迅速响应，率领配电运检（抢修）班所有人员冒着大雪奔赴现场。甘剑锋与队员们密切配合，以最快速度找出故障点后开始抢修，在 14 时恢复了供电。刚上车准备离开，甘剑锋和队员们就接到了康王片区部分线路出现故障的信息：“走，赶紧去康王故障线路点！”

到达现场后，甘剑锋与队员们立即配合康王供电所抢修人员查找故障，终于在 8 日凌晨 1 点恢复供电。正在下山的途中，微信工作群中发出金大线故障的消息，甘剑锋再次主动请缨，带领队员们赶往现场。甘剑锋沉着应对，不敢浪费一秒，与队员们分好工后便开始工作。又是一个通宵奋战，9 日上午 7 时许，金大线恢复供电。在连续奋战了 3 个通宵、40 多个小时后，康王辖区线路全部恢复正常运行。

长驱千里驰援　只为心中大爱

2021 年 7 月 20 日，河南郑州遭遇特大暴雨，城市发生严重内涝，21 日，国网湖南电力首批先遣保电队出发支援河南，甘剑锋第一个请缨前往，提供应急供电保障。

23 日 8 时，甘剑锋接到工作指令到竹山村支援。由于电力中断，村民已经 5 天没有取水用电了。做好安全措施，接线，取电……甘剑锋和队友们立即行动，没有丝毫停歇。11 时 30 分，全村 150 户村民家成功通电！此时甘剑锋满头大汗，衣裳尽湿，由于睡眠不足，双眼通红。接下来的 2 天时间里，甘剑锋奔驰了 1 100 多公里路程，帮助 5 个村 2 700 余户恢复供电。70 多岁的侯新春大爷称赞道：“真是太感谢你们了，跑这么远来为我们送电！真是好样的！”

坚守一线二十年 “电”亮万家灯火

“能让老百姓用好电，就是我最大的幸福。”20 年兢兢业业、恪尽职守，甘剑锋始终怀着一颗赤诚的心，在一线电力岗位上传承军魂，接续奋斗。

2022 年 9 月 8 日，湖南省第十四届运动会在岳阳举行，甘剑锋提前三个月便着手制定保电方案。自 7 月正式推进保电工作以来，甘剑锋带领工作人员每天冒高温对每台设备、每条线路和电缆进行检测。无论白天还是夜晚，在体育馆都能看到甘剑锋一行的身影。正式开幕前，甘剑锋带领工作人员与开幕式彩排同步进行了 3 次正式保电演练，未出现任何纰漏，为正式开幕保电工作打下坚实基础。经过 90 多个日夜的奋战，省运会开幕式保电工作顺利完成，甘剑锋再次交出一份无愧于社会的保电答卷。

“灯亮起的那一刻，就是我最感动的时刻。这是一代代电力工人的初心，也是我的初心。”20 年坚守，看似平凡，实则伟大。甘剑锋如同蜡烛，燃烧了自己，点亮了万家灯火。

第二节 合 作

学习目标

1. 培养合作意识。
2. 学会与人合作的方法。
3. 培育学生健全人格。

职业角

案例一

有位历史学家发现，鳄鱼在饱食后经常张着血盆大口，任由小鸟在里面啄食、剔牙。这位历史学家经过研究后总结：这种小鸟叫“燕千鸟”，又称“鳄鱼鸟”或“牙签鸟”。鳄鱼从不伤害这种小鸟，因为它需要小鸟的帮助。这种小鸟飞到它的嘴里去吃水蛭等小动物，这使鳄鱼感到很舒服；有时候，燕千鸟在鳄鱼栖居地营巢，只要一有风吹草动，它们就会一哄而散，使鳄鱼猛醒过来，做好准备。所有的鸟兽都避开凶残的鳄鱼，只有这种小鸟能同鳄鱼友好相处。

启示：动物界有很多这类合作共赢、互利共生的典范。仔细想一想，我们与身边同学的关系，与老师的关系，将来与上司的关系，与同事的关系，与下属的关系，与顾客的关系等，其实不也是一种互通有无、共同发展的关系吗？

案例二

国际商务专业毕业生阿彩，在学校，她是老师和同学们眼中公认的优生，经常受到老师的表扬，毕业后学校推荐她去某电子有限公司做文职工作。在公司，她工作认真积极，但由于主管对她要求较高，脾气也较急躁，对于她工作中的错误或不足，直言不讳，甚至有时骂她，三个月后，她因无法忍受训斥，向公司提出辞职，后经学校老师和部门领导共同劝导，重新回到工作岗位。

之后的三年里，她做过该公司的会计，后又跳槽至一家印刷包装集团公司做业务跟单，如今，她已成为某数控有限公司总经理助理。谈及职业成长体验，她对刚入职的这段经历记忆犹新："我感谢入职的这家公司，我感谢那位要求严格的主管，磨炼了我的意志，锻炼了我的心理承受力，而这些是我这个在学校所谓的优生所不曾经历的。"

点评：初入社会的学生抗挫折能力差，特别是一些老师眼里的优生更是如此，阿彩同学便是一例。她在校期间表现一直很好，担任学生会干部，平时听到的都是老师、同学表扬的话，很少受批评，尤其是对于无端的指责，没有这方面的心理抗挫能力。工作后突然发生此类事情，她不能承受，又毫无经验，不能理智地处理，负气离职也在情理之中。而与之相对比，一些在学校较调皮的学生，进入工厂后，不怕吃苦，心理承受力好，社会适应能力强，往往还受到企业的青睐。职业生涯中，每一个人都处在各种各样的团队中，与老板、与同事、与下属，大家在一起共事，既是事业的需要，也是难得的缘分。每个人的阅历、知识、能力、水平、性格各不相同，难免有些磕磕碰碰，但只要不违反原则，就应从维护团队利益出发，求同存异，坦诚相见，在合作共事中加深了解，在相互尊重中增进团结。这样才能既为公司的发展增砖加瓦，也为自己的职业生涯铺好道路。

就业小技巧

"你挑着担，我牵着马，迎来日出送走晚霞。踏平坎坷成大道，斗罢艰险又出发……"《西游记》里师徒四人性格各异，碰在一起互相磨合，虽然途中颇多分歧，但离了谁都不行，都无法顺利完成任务，取得真经。2022 年 6 月 24 日，习近平主席在主持全球发展高层对话会上指出：合作才能办成大事，办成好事，办成长久之事。力量往往来自差异，当两个人合起来产出的结果大于两个个人的产出时，这种神奇的效果就发生了。

如何与人合作

(1) 互相尊重。每个人在世界上都是独一无二的，“三人行必有我师”，我们可以从他人身上学到自己所没有的长处。可能在某个方面他人似乎不如自己，但我们应该将自己的注意力放在他人的强项上，只有这样才能看到自己的短处。合作时，只有给予对方尊重才有沟通。一个傲慢的人是没有朋友的。

(2) 互帮互助。“投之以桃，报之以李”，平时我们对他人的事，力所能及的，能帮就帮，不要太计较得失。多些关心与爱护他人，就能促进合作，巩固团结，加深理解。这样做会为你赢得人脉，更赢得好口碑。

(3) 善于妥协。现代生活中，妥协已成为人们交往中不可缺少的“润滑剂”。妥协并不表示你失去了应有的尊严，相反，你的宽容和大度更加能赢得别人的敬佩和尊重。当然，这种妥协是以独立为前提、以底线为原则的适当让步。

(4) 积极参加集体活动。参加集体活动，可以增强我们的团结协作意识，进而产生协同效应，即“1+1>2”的效应。在遇到困难的时候，能共同想办法、出主意，做到“三个臭皮匠，赛过诸葛亮”。

活动园

游戏——你是我的左（右）手

【游戏规则】

1. 同桌两人分别出一只左手、一只右手，准备一张作业本大小的纸张。
2. 左右手分工将纸张对折再对折，折成四分之一大小。
3. 配合，用笔在纸上画出半径不小于5cm的四分之一圆。
4. 按照笔迹所画，将之撕出，展开。
5. 比一比哪对同桌所做的最圆。

游戏——合力吹气球

【游戏规则】

1. 分两组，每组必须要有六人。
2. 主持人准备每组各六张签，上写：“嘴巴”；“手”（两张）；“屁股”；“脚”（两张）。每组一个气球。请每组每人抽签。
3. 首先，抽到“嘴巴”的必须借着抽到“手”的两人帮助，把气球吹起（抽到“嘴巴”的人不能自己用手拿着吹气球），然后，两个抽到“脚”的人抬起抽到“屁股”的人把气球给坐破。
4. 两组同时进行，按规则先完成的队伍获胜，另一组一定要做完，给鼓励奖。

行动建议

问问你自己

你是否是一个能融入群体的人？请问问自己以下三个问题，并思考再遇到这些情况你该如何做。

1. 课间，同学们正在三五成群地嬉闹、聊天或讨论某个热门话题，此时，你在干什么？

2. 假期将至，选择下列哪项会令你更加快乐？

（1）在学校组织下，全班同学一起出行、游览。

（2）和几个好友到郊外一日游。

（3）听从家长的安排。

（4）待在家里哪儿也不去。

你作出这种选择的原因是____

3. 初到一个新的环境里，你会觉得交朋友是一件很难的事吗？

课后阅读

雁群飞行的启示

每当你看见雁群排成“人”字形或“一”字形出现在高空的时候，也许你想知道科学上对于雁群的飞翔有怎样的发现。有研究表明，雁阵飞行的时候，当第一只大雁振翅拍打，这种振动立即让紧跟在后面的雁产生一股提升的力量，其他雁即刻循序跟进，借着保持“人”字形的整体飞行比单飞至少减少21%的飞行阻力。任何一刻，只要一只雁掉队，它立刻会感到单飞的费力与障碍，它很快就会回到队伍中去利用前面同伴的提升力量。

当领队的头雁感到疲倦时，它会飞到旁边，另一只来接替带头飞。在队伍最后的两只雁会发出有节律的叫声鼓舞前面的雁，与头雁保持联系。

当某只雁生病或受伤不得不离开队伍时，就会有两只雁留下来陪它，跟着帮助和保护它，直到它康复或死去，然后才再去追赶自己的队伍或加入另一个队伍，向预定的目的地继续飞翔。

如果我们有大雁般的感受，就会和那些与我们同目标的人待在一起，凭借着相互的冲劲、助力向前迈进，互相扶持，更快、更容易地到达目的地。

奏响为中华崛起而拼搏的时代最强音（节选）

伴随着改革开放的开启和推进，以郎平为代表的中国女排在冲出亚洲走向世界的过程中勇夺桂冠，为祖国和人民赢得了荣誉。几十年来，中国女排面对强敌精诚团结，身处绝境顽强拼搏，以不言败的豪情从低谷攀爬，在风雨峥嵘中形成与传承的女排精神，在民族复兴进程中闪耀出熠熠光彩。2019 年 9 月，在女排世界杯比赛中，中国女排连克强手，以十一连胜的骄人成绩卫冕世界冠军。同年 9 月 30 日，习近平总书记在会见中国女排代表时指出："广大人民群众对中国女排的喜爱，不仅是因为你们夺得了冠军，更重要的是你们在赛场上展现了祖国至上、团结协作、顽强拼搏、永不言败的精神面貌。"

团结精神是中国人民的宝贵精神财富。对于中国女排来说，每位队员承担着不同任务，扮演着不同角色，通过结构化的组织形成一个整体后，能够生成强大的战斗力，为夺取胜利奠定坚实的基础。对于这一点，郎平感同身受。她说："在我的字典里，女排精神包含着很多层意思，其中特别重要的一点就是团队精神。女排当年是从低谷向上攀登，没有多少值得借鉴的经验，但是在困难的时候，大家总能够团结在一起。"

团结就是力量，这种力量是制胜之合力、反击之强力。女排姑娘们团结协作，没有彼此猜忌，只有肝胆相照、同心协力。她们知道，在赛场上，力量不是简单的叠加，而是彼此之间的配合与协作。没有一个主攻可以独自完成扣杀，没有一个队员可以独自赢得制胜之分，主攻、副攻、接应、二传各司其职、分工明确，一个都不能少，唯有这样，才能搭建出完美的团队，才能在比赛场上共克强敌。

没有训练场上日复一日、同心协力的集体训练，绝不会有赛场上扣人心弦、荡气回肠的完美配合。女排姑娘们的团结协作，不仅体现在赛场上，更生成在训练场上。在湖南郴州苏仙岭，这个被称为魔鬼训练场的地方，女排姑娘们深刻体会到团队精神的意义。苏仙岭有 3 600 级台阶，教练要求所有队员必须在 22 分钟之内跑上去，只要有一位队员用时超过 22 分钟，哪怕只超了 1 秒，全体队员就必须重新跑一遍。每一次台阶跑，姑娘们都一条心、一股劲，手拉手、强帮弱，一起冲刺。吃苦的汗水夹着激动的泪水，最终化成中国女排在赛场上无比强大的凝聚力与战斗力。

资料来源：郝永平，聂文婷．奏响为中华崛起而拼搏的时代最强音（节选）[N]. 光明日报，2020-12-16（6）.

第三节　沟　通

学习目标

1. 认识沟通的重要性。
2. 提高与人沟通的能力。
3. 培育健全人格。

职业角

案例一

实习公司给学校就业办打来电话，实习生小杜没来上班，也未请假，最后发现她躲在宿舍。老师向她问清了原委：小杜是一个性格开朗、比较健谈的女孩子，组长选她做生产线工作助理，并安排了一个文员带她，这本来是一件好事，但是据她说，当助理心理压力大，要管同来的实习学生，她不好意思，他们对她的管理也不听从，而且工作中她有很多不明白的地方，如果多问几句，带她的文员又不耐烦，她也就不敢再问了，但是一旦出了问题，责任还是推给小杜，这让她很苦恼。下个月要开一条新的生产线，组长想让她独立带新的生产线，小杜觉得自己还有好多情况并不了解，很难独立承担新生产线的工作，又不敢提出异议，所以就产生了逃避和退缩的想法。

老师与她进行了一番长谈，小杜接受了劝导，决定继续实习，却还是不敢去和工厂方面沟通，老师鼓励她先尝试自己沟通，处理不了，再找老师，有了这颗定心丸，她才放下心。第二天她找组长说明了情况，组长把相关人员找来沟通，并在工作中对她进行细心的指导，很快帮她解决了问题。

点评：在实习过程中，因受到一些挫折而想放弃的学生屡见不鲜，如有的学生做得慢，被组长骂；受老员工“欺负”等情况，很多同学因此心里产生了动摇，想辞工不做，但绝大多数学生经过老师的教育都能继续坚持。从这些事例中，我们看到：学生的沟通交流能力还比较欠缺，不敢讲，不会讲，遇到问题就退缩。正如一家工厂的车间负责人所说：“学生 18 岁了，已经长大了，也要锻炼一下翅膀，老师不能一直陪他工作呀！”

案例二

某婚纱店在一次招聘化妆师的面试中，主考官先后向两位学生提出了同样的问题：“我们上班时间较长，有时加班比较晚，可能还要做一些清扫工作，比较辛苦，请问你们是否有思想准备？”

毕业生 A 说：“我从小在农村长大，干惯了家务活，辛苦点不怕，能学到东西、开心就好。”

毕业生 B 回答：“请问加班要加到几点？刚开始做些清扫工作也是应该的，请问是不是一直都要打扫啊？”

结果 A 被录用，B 被淘汰。

点评：巧妙回答打开求职之门。在面试过程中，回答问题的技巧非常重要。对有些问题的回答，表面上看来合情合理，无可厚非，却令考官反感。这是因为：考官有时并不在乎你回答的内容，重点在于考察你对问题本身的态度，进而了解你对职业的态度等。显然，这一案例中，学生A回答诚恳，令主考官欣赏；学生B思想上明显有顾虑，尽管是人之常情，但这种场合下他的回答显然不合时宜。

案例三

小王中专毕业后一直闲在家里，不愿与外界接触。学校老师对他进行了心理疏导，并为他推荐了一家企业就业。他的家人很高兴，可好景不长，没过多久小王就以带他的师傅不好而提出辞职。可是小王上午提出辞职，下午就反悔了，想收回辞职信，却已来不及了。原来，他并不是真正想要辞职，只是要要性子而已，可是已经回不了头了。

点评：职场上，提出辞职要比找到工作容易得多，有些人做得稍有不顺就辞职，但是否考虑过后果呢？等真正辞职了，又不知道该何去何从。如今很多年轻人考虑事情不周全，不给自己留后路，常常陷入尴尬的局面。若产生辞职的念头，请多想想后果是什么？是否会影响自身的发展？稍有不顺就提出辞职是不理智的行为，要三思而后行。

就业小技巧

沟 通

沟通是人与人之间、人与群体之间传递信息的过程，是人际交往的必备技能。通过有效沟通，双方能够表达情感、建立关系、解决问题。如果把沟通比喻为桥梁，我们要学会搭建一座通畅、双向、美好的桥梁，拉近与他人之间的距离，达到事半功倍、化干戈为玉帛的效果。

提高沟通能力

沟通是一种能力。人不是与生俱来就会沟通的，而是在生活、工作中训练出来的。人与人进行交流利用的是文字、语言、表情、肢体等，如何有效沟通？下面给大家介绍几种方法。

（1）主动沟通。主动对人友好，主动表达善意能够使人产生受重视的感觉。主动的人往往让人产生好感。

（2）友善待人。人与人之间的善意和恶意都是相互的，一般情况下，真诚换来真诚，敌意招致敌意。因此，与人交往应以良好的动机出发。

（3）尊重对方。你在看合照时，第一眼看谁？大部分人都是看自己。因为每个人都会关心自己。所以，在与人沟通时，要尊重对方的观点，承认对方的独特性，不要立即进行评价或直接指导。

（4）声音表达。成功的语言表达，莫不以声达意，以声传情。悦耳动听的声音不仅会为口才增色不少，还会美化说话者的形象，让人感觉亲近。而嘶哑、软弱无力或刺耳的声音，会让人生厌。

（5）不聊隐私。少关注别人的隐私，保持文明的素养，会为你增添一份魅力，赢得一份尊重。

（6）学会赞美。赞美不是拍马屁，而是说适宜的话，问候、商量、关心、敬重的口吻会让人感到舒服。

（7）肢体表达。当你与别人沟通时，要注意自己的肢体语言。它能传达你的思想，强化口语说服力，也是一种表情达意的沟通方式。

（8）眼睛表达。眼睛是心灵的窗口，它可以传神地表达出一个人的内心世界。人们常常说：出门看天色，进门看脸色。在和别人沟通时，要注意与对方眼睛的交流。

（9）微笑示人。你喜欢笑容满面的人还是喜欢板着面孔的人呢？相信大部分的人都会选择前者，既然如此，在生活中不要吝啬你的微笑。一个人只要有信心、有微笑，就有成功的希望。

（10）倾听别人。伏尔泰说：“耳朵是通往心灵的路。”心理学研究表明，越是善于倾听的人，与他人的关系就越融洽。面对倾诉，我们安静地倾听对方所表达的喜悦或烦恼，对对方来说就是最好的鼓励或安慰。做一个专注的好听众，控制自己的表达欲望，也是沟通中一种重要的技巧。

活动园

游戏——“读”图

【游戏规则】

1. 请一位学生上讲台“读”图，让他背对其他学生，将手中的几何图形（如图所绘，也可以由老师提供其他图形）“读”出来，学生依据“读”图者讲的内容画出图形，在此过程中其他学生不能发问，也不能彼此传达非口语的信息，保持单向沟通的状态，一直到“读”图者读完为止。

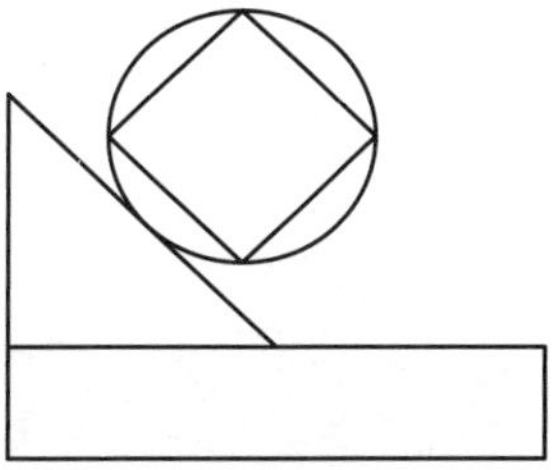

几何图形图示

2. “读”图者转过身，其他学生可以就细节进行提问，完善自己的图画。

3. “读”图者将图展示。第一次画成功的学生举手，教师统计。第二次画成功的学生举手，教师统计。

4. 绘画完毕后，请学生讨论：

（1）能正确完成或发生困难的原因何在？

（2）“读”图者有哪些有效的表达？表达有哪些需改进之处？

（3）身为一名双向沟通的说话者与倾听者，对表达有何不同的感受？

（4）双向沟通与单向沟通有什么差异？

沟通能力测试

本测验选择了一些在工作、生活中经常遇到的、比较尴尬的、难于应付的情境，测试你是否能正确地处理这些问题，从而反映你是否了解正确的沟通知识和技能。这些问题看似无足轻重，但是一些工作中的小事和细节往往决定了别人对你的看法和态度。如果你的分数偏低，不妨仔细检查一下你所选择的处理方式会给对方带来什么样的感受，或会使自己处于什么样的境地。

1. 在和别人沟通前，你认为比较重要的是应该了解对方的（　　）。

A. 经济状况、社会地位　　　　B. 个人修养、能力水平

C. 个人习惯、家庭背景　　　　D. 价值观念、心理特征

2. 参加老同学的婚礼回来，你很高兴，而你的朋友对婚礼的情况很感兴趣，这时你会（　　）。

A. 详细叙说从你进门到离开时所看到和感觉到的以及相关细节

B. 说些自己认为重要的

C. 朋友问什么就答什么

D. 感觉很累了，没什么好说的

3. 你正在主持一个重要的会议，而你的一个下属却在玩手机并发出声音，这时你会（　　）。

A. 幽默地劝告下属不要玩手机　　　　B. 严厉地叫下属不要玩手机

C. 装着没看见，不管他　　　　D. 给那位下属难堪，让其下不了台

4. 你正在向老板汇报工作时，你的助理急匆匆跑过来说你的一个重要客户打来电话，这时你会（　　）。

A. 说你在开会，稍后再回电话过去　　　　B. 向老板请示后，去接电话

C. 说你不在，叫助理问对方有什么事　　　　D. 不向老板请示，直接跑去接电话

5. 当去见一个重要的客户时，你会（　　）。

A. 像平时一样随便穿着　　　　B. 只要穿得不太糟就可以了

C. 换一件自己认为很合适的衣服　　　　D. 精心打扮一下

6. 你的一位下属已经连续请了三个上午的假，第四天上午上班的时候，他又说下午要请假，这时你会（　　）。

A. 详细询问对方因何要请假，视原因而定

B. 告诉他今天下午有一个重要的会议，不能请假

C. 很生气，但什么都没说就批准了他的请假

D. 很生气，不理会他，不批假

7. 你刚就任一家公司的副经理，上班不久，你了解到公司中有几个同事想就任你的职位，经理不同意才招的你。对这几位同事你会（　　）。

A. 主动认识他们，了解他们的长处，争取成为朋友

B. 不理会这个问题，努力做好自己的工作

C. 暗中打听他们，了解他们是否具有与你进行竞争的实力

D. 暗中打听他们，并找机会为难他们

8. 与不同身份的人讲话，（　　）。

A. 对身份低的人，你总是漫不经心

B. 对身份高的人，你总是有点紧张

C. 在不同的场合，你会用不同的态度

D. 不管是什么场合，你都是一样的态度

9. 听别人讲话时，（　　）。

A. 你总是对别人的讲话表示兴趣，记住所讲的要点

B. 你总是请对方说出问题的重点

C. 如果对方老是讲些没必要的话，你会立即打断他

D. 如果对方不知所云，你就很烦躁，就去想或做别的事

10. 当你在发表自己的看法时，别人却不想听你说，你会（　　）。

A. 马上气愤地走开

B. 停下不说了，同时很生气

C. 等等看还有没有说的机会

D. 仔细分析对方不听自己说话的原因，找机会换一种方式去说

请对照下面的评分方法，计算出你的得分为__________。

请你对照得分高的选项，想一想，为什么要这样做，你能从中学到什么。

【评分方法】

题号为 1、5、8、10 者，选 A 得 1 分、选 B 得 2 分、选 C 得 3 分、选 D 得 4 分；其余题号选 A 得 4 分、选 B 得 3 分、选 C 得 2 分、选 D 得 1 分。

【结果分析】

1. 如果你的总分为 10～20 分，说明你的沟通能力欠佳。因不能很好地表达自己的想法，所以也经常不被别人所了解；由于你采取了不适合的方式，有时会把事情弄得越来越糟。但是，只要你学会控制好自己的情绪、改掉一些不良的习惯，你随时可能获得他人理解和支持。

2. 如果你的总分为 21～30 分，说明你的沟通能力尚可，你懂得一些沟通技巧，尊重他人；你能较好地表达自己，并能实现一定的沟通效果。但是，你缺乏高超的沟通技巧和积极的主动性，许多事情只要你继续努力一点，就会效果倍增。

3. 如果你的总分为 31～40 分，说明你的沟通能力很好，你能不动声色地表达自己，有很高的沟通技巧和人际交往能力。只要你能明确意识到自己还存在一些不足，并努力优化之，定能取得更好的沟通效果。

行动建议

四人为一小组，每人回忆自己遇到过的人际冲突，可以是与父母的、同学的、老师的、实习领导的、购物商家的……大家一起思考：如何有效地沟通能避免发生类似冲突？

1. 成员__________，发生冲突的情况是______________________________

____

____

为避免冲突，我们建议采取有效的沟通方式是__________________________

____

____

2. 成员__________，发生冲突的情况是______________________________

____

____

为避免冲突，我们建议采取有效的沟通方式是__________________________

____

____

3. 成员____________，发生冲突的情况是____________________________________

____

____

为避免冲突，我们建议采取有效的沟通方式是________________________________

____

____

4. 成员____________，发生冲突的情况是____________________________________

____

____

为避免冲突，我们建议采取有效的沟通方式是________________________________

____

____

课后阅读

妙语化困境

有个理发师带了一个徒弟。出师后，徒弟正式上岗开始为顾客理发。

第一位顾客理完发照镜子说：“头发剪得太长。”徒弟答不上话。师傅忙笑着解释：“头发长，长（藏）而不露，很符合您的身份。”顾客听罢，高兴而去。

第二位顾客理完发照镜子说：“头发剪得太短。”徒弟答不上话。师傅笑着解释：“头发短更显精神、干练，让人增添信任感。”顾客听罢，点头而去。

第三位顾客理完发，一边交钱一边说：“花的时间挺长的。”徒弟答不上话。师傅笑着解释：“为‘首脑’多花点时间很有必要，您没听说：进门苍头秀士，出门白面书生。”顾客听罢，大笑而去。

第四位顾客理完发笑道：“动作挺利索，20 分钟就理好了。”徒弟答不上话。师傅笑着答：“时间就是金钱，速战速决，为您赢得了时间和金钱，您何乐而不为?”顾客听了，愉快地告辞。

到了晚上。徒弟怯怯地问师傅：“感谢您今天为我解围。为什么我都想不到该说些什么?”师傅笑道：“每一件事都包含着两面性，有利也有弊。对顾客我们要说好的一面，因为谁都爱听吉言。万事开头难，你慢慢积累经验，就知道该怎样和顾客打交道了。”

徒弟深受启发，从此，他便刻苦练习手艺和与顾客的相处之道。日复一日，徒弟成长为一位受顾客欢迎的理发师。

在与人的沟通交往过程中，面对遇到的困境，要冷静思考，灵活应变，巧妙地运用语言，能帮助我们解决难题，化不利为有利。

好表情带来好运气

在与人交往的过程中，表情是最常见的一种沟通方式，也是最能反映一个人此时此刻的精神面貌以及思想活动的神秘工具。面部是最有效的表情器官，不但影响着我们的人际关系，也直接影响着与人沟通的效果。

相貌是天生的，但并非一成不变。我们经常发现一个人几年不见，再见到的时候虽然还是那个人，但又觉得哪里不一样了，所谓相由心生就是这个道理。先天的形貌可以通过整形、化妆等手段来改变，但其实更简单的方法是通过表情来改变。

通常而言，眼珠黑亮，聪慧不疑；眼珠外露，可能短寿；眼怒而凸，此人苦楚……这些都是天生的，难以改变，但我们可以调整表情。游移的眼神表示无主见，无神、空洞等眼神让人显得没有精神。还有眨眼，如果是小孩子调皮的动作，这便是纯真、好奇、逗弄的象征；但一个成年人，眨眼便是虚伪的表现，尤其是正在与人说话时不停地眨眼，或许表明此人在说谎，或者说的是违心的话，不足为信。

再看嘴，俗话说“嘴大吃四方”，意思是说嘴大的人有福分，嘴大的人能说会道，如果嘴角再微向上翘一点儿，这样的人更容易在事业上取得成功。如果你的嘴不大，又没有微微上翘，也没关系，只要勤于练习微笑，让自己的微笑赢得好人缘。

总的来说，一个人平常的表情一定要中正平和、安详疏朗。平常在街上看到的那种要么看上去总是生气，要么看上去总是像哭，要么看上去总是惊慌失措的人，都不是能带来好运气的。

所以，我们不但要关心内心修养，更要时时关注我们这张脸上被人一览无余的表情，想要好运，先从改变自己的内心、改变自己的表情开始。

资料来源：阿莲．好表情带来好运气［J］．意林，2012（9）．

第四节　创　新

学习目标

1. 认识创新的重要性。
2. 培养创新能力。
3. 培育健全人格。

职业角

案例一

齐白石先生经常告诫弟子的一句话是“学我者生，似我者死”。他自己就是一位不断创新的艺术家。湖南博物院有一段对齐白石的评论：“他（齐白石）以从木匠到大师的人生经历，缔造了艺术世界的不朽传奇，他大胆革新创造的独特艺术风格为其赢得了国际性的声誉。无论是诗书绘画，还是篆刻，他都勇于创新，敢于开宗立派，从而形成其独特的艺术风貌，为世人所称道。”齐白石一生曾五易画风，他不断汲取历代画家的长处，不断改进自己的风格。60 岁以后的画明显不同于之前的画，70 岁以后又变了一次画风，80 岁以后再度改变。因此，他晚年的作品比早年更加成熟，形成了自己独特的流派与风格。

启示：齐白石先生身体力行告诉我们：学习别人的长处时，不能照搬照套，而要创造性地学习、运用，这样学来的东西才会有鲜活的生命力。

案例二

大家在嗑瓜子的时候是不是也曾苦恼过瓜子壳该放哪里？一个“夹层食品袋”的发明就能解决这个烦恼。一位大学生在一次游玩中，苦于没地方扔瓜子壳，突然想到：能不能在装瓜子的袋子外面再附一个袋子呢？“夹层食品袋”就这样产生了。这位学生也因此获得了发明专利。

点评：每个人在工作、生活中总会碰到这样或那样的难题，面对这些难题，你有想过要去解决它吗？你能想出几种解决的方法？多动动脑子，说不定未来的发明之星就是你哦！

就业小技巧

创 新

2013 年 5 月 4 日，习近平总书记在同各界优秀青年代表座谈时指出："生活从不眷顾因循守旧、满足现状者，从不等待不思进取、坐享其成者，而是将更多机遇留给善于和勇于创新的人们。"创新是指人们为了发展的需要，运用已知的信息，不断突破常规，发现或产生某种新颖、独特的有社会价值或个人价值的新事物、新思想的活动。

当前知识经济时代，国力竞争日趋激烈，一个国家的综合国力越来越取决于劳动者的素质。中国要由"中国制造"向"中国创造"转变，就必须培养大批具有创新意识和创新能力的人才。在以创新驱动的知识经济时代，劳动者不再是被动的操作者，而转变为主动的创新者，因此时代迫切需要的是"以创新为灵魂"的新一代技能型人才。

创新不容易。第一，创新意味着改变。所谓的"推陈出新""气象万新""焕然一新"……无不诉说着一个"变"字。第二，创新意味着付出。因为惯性作用，没有外力是不可能有改变的，这个外力就是创新者的付出。第三，创新意味着风险。一分耕耘一分收获，而创新的付出却可能收获失败。创新确实不容易，所以总是在创新前面加上"积极""勇于""大胆"之类的形容词。

如何创新

（1）怀疑权威，突破传统。人们对权威普遍怀有崇敬之情。面对权威，我们往往不加思考地引用，即便发现了问题，我们也害怕提出疑问，因为怕提出的问题不正确，被别人笑话。要创新首先就要克服这种心理，做好思想铺垫。一般来说，创新能力强的人，大都具有思维反潮流的精神。

（2）有极强的好奇心。具有创新思维的人很少满足于知道事情本来就是这样的，而会不断地提出为什么。好奇心是他们获得灵感的思维途径。

（3）培养自主探究的学习能力。不要总是在别人的引导下发展自己，要有自己独立思考的勇气和能力，告诉自己"我能行"。

（4）扩宽思维，多角度思考问题。万事万物都有着众多不同的方面，如果能从不同的角度、用不同寻常的视角来观察和思考，往往会有意外的收获，甚至会产生事半功倍的奇效。

活动园

设想多种答案

"唯一的""标准"答案往往会束缚头脑，降低创新意识。如果我们面对一个问题，尽可能多地给出新奇、有趣的答案，创意思维水平就可以提高。

例如，问：大雁为什么向南飞？答：向北飞要飞过北极会饿死；向北飞路太远；去会见去年结识的女朋友海鸥；锻炼翅膀，免得沦落为“抱大的一代”；消耗身上的脂肪以治疗肥胖症……

四人为一小组，在以下问题中选取一个，设想多种答案，比比看哪个小组的答案最多、最有创意。

1. 面条是怎样做成的？

2. 天空为什么是蓝的？

3. 浪花为什么是白的？

4. 熟人见面为什么要打招呼？

5. 花朵为什么颜色不同？

____

____

____

____

____

创新思维能力测试

下面有10个题目，如果符合你的情况，回答“是”，不符合则回答“否”，说不准则回答“不确定”。

1. 你认为那些使用古怪和生僻词语的作家，纯粹是为了炫耀。(　　)

2. 无论什么问题，要让你产生兴趣，总比让别人产生兴趣困难得多。(　　)

3. 对那些经常做没把握事情的人，你不看好他们。(　　)

4. 你常常凭直觉来判断问题的正确与错误。(　　)

5. 你善于分析问题，但不擅长对分析结果进行综合、提炼。(　　)

6. 你审美能力较强。(　　)

7. 你的兴趣在于不断提出新的建议，而不在于说服别人去接受这些建议。(　　)

8. 你喜欢那些一门心思埋头苦干的人。(　　)

9. 你不喜欢提那些显得无知的问题。(　　)

10. 你做事总是有的放矢，不盲目行事。(　　)

请对照下面的评分方法，计算出你的得分为________。

【评分方法】

题号	"是"得分	"不确定"得分	"否"得分
1	−1	0	2
2	0	1	4
3	0	1	2
4	4	0	−2
5	−1	0	2
6	3	0	−1
7	2	1	0
8	0	1	2
9	0	1	3
10	0	1	2

【结果分析】

得分 22 分以上，说明你有较高的创造思维能力，适合从事环境较为自由，没有太多约束，对创新性有较高要求的职位，如美编、装潢设计、工程设计、软件编程人员等。

得分 21～11 分，说明你善于在创造性与习惯做法之间加以权衡，具有一定的创新意识，适合从事管理工作，也适合从事其他许多与人打交道的工作，如市场营销。

得分 10 分以下，说明你缺乏创新思维能力，属于循规蹈矩的人，做事总是有板有眼、一丝不苟，适合从事对纪律性要求较高的职业，如会计、质量监督员等。

行动建议

检视一下你的习惯

以下有 22 个方法帮助你突破传统，积累知识和经验，并建立联结思考的基础。现在就试试看吧。

1. 观看一个你不喜欢的电视节目，你或许会发现原来那些节目是不错的，并学到新的知识。

2. 安排一个"反手使用日"。也就是说，你必须一整天都使用平时不常使用的那只手，强迫脑子用相反的方式作出反应。

3. 下班回家时提早一站下车，沿着不熟悉的路走回家，看能发现什么新鲜事。

4. 随意翻开一本你熟悉的书，阅读其中几页，在其中找出明天能够用得上的新词或点子来。

5. 检查一下你平时的做事方法，问自己："为什么总是那样做？有没有更好的方法？"

6. 离开平时熟悉的工作环境，到另一个地方思考问题，比方说到一家咖啡馆或一处公园去，不同的环境可能会激发你产生不同的思考方式。

7. 打开搜索引擎，输入"脑筋急转弯"或者"智力测验"等词，浏览一些列有难题和怪题的网站，试着解答那些问题。

8. 把明天定为你的"非生日"，过一个快乐的非生日，让自己想做什么就做什么，一定要把它过得非同寻常。

9. 尝试闭上眼睛做家务和办公，强迫自己使用其他的感官能力。

10. 不要只看事物的表面，试着通过一面小镜子去看世界，用完全不同的角度去看事物。

11. 试着把你正要解决的问题唱出来，比方说用一首网络歌曲的调子来唱。

12. 如果你习惯坐着思考，那么试着站起来思考。

13. 试着同时丢接好几个网球，提升你的灵巧性。

14. 在大理石或壁纸上找出一些抽象的图案。

15. 记住西藏 5 个城镇的名称，不为别的，只为让你的大脑运转灵活。

16. 用铅笔画出你的朋友，尽量抓住他（她）的主要特点。

17. 把一些最常见的词语倒过来念念看，试着找出新的意义。

18. 将你的手表拨快 5 分钟、10 分钟，想办法让自己还是保持准时。

19. 收听外语广播电台的节目。

20. 学会用 10 种语言或方言说"你好"。

21. 计算出你每秒钟的薪水，问自己是否值得这个薪水。

22. 拒绝用整数来计算时间，将你的闹钟设成 6:57，而不是 7:00，闹钟一响，你醒来的时候，提醒自己一整天都要打破传统的限制。

课后阅读

习惯是把双刃剑

［美］盖瑞·克罗内

我是谁？我是你永在左右的伴侣。

我是你最好的帮手，也是你最沉重的负担。

我可以推动你勇往直前，也会扯你后腿。

带你走向失败，

我完完全全听命于你。

你所做的一切，有一半尽管放心交给我，
我能做得又快又好。
我再好管教不过，
你只需用一贯的态度对我。

告诉我你希望事情怎么做，
几次以后，我就能自动自发地做好。
我是所有伟人的忠仆，
也是所有失败的根源。

我是那些成功者的功臣，
也是失败者的罪魁祸首。
我不是机器，但像机器一样运转精确，
也同时拥有人类的聪明才智。

你可以利用我赚取利益，也可能因为我而失败毁灭，
对我而言没有任何差别，
善用我，训练我，严格要求我，
我会为你赢得全世界。

对我太过宽容，
我就会毁了你。

我是谁？
我的名字叫“习惯”。

想象力叩开创造之门

刘慈欣（科幻作家、山西省作家协会副主席）

想象力是人类拥有的一项既关键又特殊的能力。人类社会的进步离不开想象力。

想象力有两个不同的方向，一个通往太空，往越来越宏大的方向，另一个则是向内的，往越来越微观的方向。这两个方向都有无穷无尽的开拓空间。无垠的太空是人类想象力最好的施展之地，网络世界和虚拟空间同样能激发奇妙的想象力。我最近读的几本书都与想象力有关，它们对生命和宇宙图景的描绘，很有启发性。

一个人的想象力来源十分复杂。与大自然的接触、从学校和书本中获取的各种知识、与不同人、不同文化的交流等，共同塑造着一个人对世界的想象。知识越多，想象力越充沛。就像一个圆，圆的里面是一个人拥有的知识、对世界的认知，圆的外面则是想象力。圆越大，圆的周长越长，“圆”内触及的知识世界越广阔，圆外的想象力世界就越丰富。

我们处在培养想象力的好时代。无论是对信息的接受，还是与不同文化文明的交流，其丰富性都远超从前。我们的教育也越来越注重培养想象力，比如科幻小说开始进入教材。科幻小说对宇宙和未来各种可能性的书写，能够极大地激发读者的想象和创新精神。特别是我国致力于加快建设创新型国家，全社会都在鼓励创新精神，这对培养想象力有很大的推动作用。

培养青少年想象力，首要的是鼓励他们更多地了解大自然，了解人类社会，从各个领域努力学习更多知识，在学习中感受知识的神奇和美感。现在的教育，知识教学绰绰有余，对知识的感受则不足。有的学生觉得物理、化学、数学等科目枯燥，但如果能够从更广阔的层面去认识这些知识，就会发现它们充满魅力。比如牛顿三定律，看似简单，实则简洁有力，充满对称美。它坚定地告诉人们，不管是太空还是地球，整个宇宙所遵循的自然规律是一致的，深刻解答了当时人们的疑惑。深入感受科学的美和力量，能激发对更广阔领域的想象力，这些想象力将叩开创造之门，激发更多创新活力。

资料来源：徐馨，张珊珊，任飞帆．读书：进步的阶梯向上的力量［N］．人民日报，2021－04－23.

中职生发明“教师阅卷笔”

在上海市教育博览会上，一支神奇的“教师阅卷笔”很受欢迎。由于装了一颗小小的“芯片”，用这支笔阅卷，不仅能迅速得出每个学生的卷面成绩，还能精确统计全班学生在某个题目上的得分率。“教师阅卷笔”在第26届英特尔上海青少年科技创新大赛上获得一等奖，它的发明者是大赛一等奖中唯一的中职学生柴吉琦。

这支“阅卷笔”和一般的圆珠笔外形差不多，但侧面多出了三个按钮。发明者、上海信息技术学校学生柴吉琦说，他在笔内安装了一枚芯片，通过芯片载入电脑，再通过数据采集统计分析软件就能够读取相关数据，“每批改完一叠试卷，所有题目的正确率会自动显示在电脑上，以前统计至少需要两三天，现在几个小时就出来了，工作量大大减少。”

柴吉琦是学校有名的“发明小达人”，在初中时就拥有几项国家专利。读预备班时，小柴发现，每次用完课间点心，教室后面的垃圾箱都塞得满满的，牛奶盒、饮料瓶等特别占地方，他动手设计出“压缩式固体废弃物收集器”；看乒乓球比赛，运动员与裁判员常为一个发球是否擦网而起争执，小柴想到小时候在父母工厂里看到的红外线感应器，发明了“乒乓球发球擦网检核器”……他常从生活中找创新灵感，这几项发明都曾在青少年科技创新大赛上获奖。

“说到中职生，大家可能只会想到‘技术工’，但我们也可以成为科学家、发明家。”柴吉琦在学校发起成立了“畅想科技社团”，已经有三十多名学生参加。学校除了配备实验器材，还给他们配备一间实验室，让他们的才能得以施展。上海信息技术学校校长邬宪伟说，对职业学校来说，像小柴这样档案里填满发明专利的学生并非个例，但确实较少。学校还为小柴配备了科技辅导老师，有时计算机等专业老师也来“撑一撑”。

资料来源：彭薇．中职生发明“教师阅卷笔”[N]．解放日报，2011－05－03.

第二章 心理准备

在新的就业形势下，职校毕业生怎样才能找到“好”的工作？回答是“没有最好的工作，只有最适合的工作”。对于即将步入职场的毕业生，要及时完成校园人到职场人的角色转变，在甄别中认识职业并树立正确的择业观。

通过课堂活动，学生学会了解自己的职业价值观，做好角色转变的心理准备。选择活动时应具有针对性、互动性和全员参与性。

第一节　从校园人到职业人

学习目标

1. 了解校园人与职业人的不同。
2. 力争成为好职员。
3. 培育健全人格。

职业角

案例一

实习一段时间后，大多数学生会开始历数实习单位的问题：实习单位周边太荒凉了，没地方玩；吃得不好，住得又差；老员工不友好，“歧视”他们；等等。商务班的小云同学来到学校就业办，满腹牢骚：“让我们去实习，天天重复简单机械的工作，这不是浪费青春吗？让我们去实习，学校和工厂就应该把我们安顿好；让我们去实习，就应该安排人教我们……”在短短的几分钟里，她三次提到“让我们去实习”。老师笑着问她：“你是不是认为学校在强迫你们实习啊？”“那倒不是，但既然是学校联系的实习单位，学校总该为我们学生考虑吧！总不能让我们学生吃亏吧！”谈话中她把“应该、总该、不能”这几个字眼咬得很重。

事后，老师与工厂的人事部门就学生反映的问题进行了沟通，一位人事部的年轻员工也对着老师发牢骚："看看现在的学生，他们只会向单位提要求，却不想想单位为他们做了什么，更不考虑他们能给单位带来什么。"确实，从近几年对企业的走访来看，对实习生群体，相当数量的用人单位还是排斥与拒绝的。

点评：面对用人单位的回答，我们可以看到学生从校园到职场需要一个转变的过程。大家思考一下，当你迈出校门步入社会时，有人会主动请你去工作吗？我们是有过硬的本领，还是有特殊的身份？工作、学习不再是"让我做"，而是"我要做"。调整好心态，准备好吃苦，主动、虚心地向别人学习，这才是应有的实习态度，这个实习基调奠定了，剩下的事情就好解决了。其实，对中职生来说，在实习过程中，学会人际关系的处理，接受心理承受能力的锻炼，培养自主生活的能力，或许比学习专业知识和技能本身更重要、更迫切。

案例二

数控班八名学生进入某电子元件有限公司实习。这八名同学在校期间表现一般，实习前班主任比较担心。但是，他们在厂里的表现却令所有师生刮目相看，在近三个月的顶岗实习过程中，这八位同学工作态度积极，做事认真，团结协作，工作期间从未旷工，请假次数极少，还经常主动要求加班，得到了工厂小组长及带队老师的多次表扬。

刚进厂时，这八位同学在流水线上，每天主要的工作是按按钉，因用力大，手指受力面积小，他们的手指曾一度红肿。当老师问及他们能不能坚持，要不要换岗时，他们回答："不怕，拇指疼了食指按，食指疼了中指按，中指疼了换手按。"一个月后，他们又轮岗到组装车间，负责包装工作，因为纸皮箱非常硬，换岗第一天就有几个学生的双手被刮出痕，但是自始至终没有一个学生向工厂提出任何要求。一分耕耘，一分收获，第一次领工资时，他们挣得比其他同学高出一大截。

点评：事实证明，实习能让学生品尝到工作的酸甜苦辣，学到做事本领，学会做人。许多本来在学校表现一般的学生，只要踏实肯干，不计较得失，一样能在职场中干得很出色。

就业小技巧

从校园人到职业人

对初入职场的毕业生而言，从校园人到职业人是一个巨大的转变。因为，随着年龄的增长，社会参与度的增加，每个人肩上的角色也不断变化，走向工作岗位就是一个角色转换的过程。他们由原来的学生角色变为另外一个新的社会角色——职业人。能否适应这种角色的转变、适应得快慢，会对未来的职业生涯产生深远的影响。

要实现从学生角色到职业人角色的转换并不是瞬间可以完成的，而是需要一个过程，过"五关"。一是心态关。不适应、无名的失落和惆怅是正常的，要注意自我调节，保持平和。二是人际关。在职场上，你要学会和各种各样的人打交道，无论你喜欢与否。三是业务关。除了学校所学的专业知识，还有很多要补充的各种知识。四是情绪关。不能凭个人喜恶做事，要有敬业精神。五是生活关。在职场上有许多的规定要遵守，生活不能松散、任性。

每个人的适应能力不同，有的人角色转变顺利，有的人则会经过一个较长的过程，并在角色转变过程中出现许多问题。有关专家告诫学生："毕业后的一两年是你一生中最痛苦、变化最大、对人生的认识、体会和感悟最多的时期。"

如何做好角色转变

中等职业学校学生在角色转换的过程中应注意以下几点：

（1）从被动到主动。从"让我做"到"我要做"是角色转换的重要条件，只有化被动为主动才能很快地适应工作，及时进入角色和实现角色的转变。向领导多汇报，与同事多交流，业务上多思考，工作上多分析，向帮助自己的人表达感谢，从各方面提升自己的主动性，在合作过程中又保持一定的独立性。

（2）从个人到集体。改掉我行我素的作风，多考虑集体利益和他人的感受、想法，尽快融入团队，成为集体的一分子。积极参加集体组织开展的各项活动，如单位的社交活动、小团体的文体活动、单位间的竞赛等，这样可以增加与人沟通的机会，增强同事之间的亲近感，减少进入新环境的陌生感和孤独感。

（3）从理想到理性。不要眼高手低，要冷静思考、分析自己在单位的优势和劣势。目前，机关事业单位、大企业中拥有高文凭的人很多，中职生的学历相对较低，但正因为起点低，所以更能结合岗位，虚心学习业务和技术要求，刻苦钻研，勤于实践，确立目标，努力提升整体素质，为以后有所作为做好充分准备。不要苛求完美，世界上不会有完美的工作，也没有完美的同事和领导，要辩证地看待周围的人和事，减少自己的消极情绪。

（4）从简单到多元。学校是单纯的环境，进入社会就变得复杂而多元了，除了学习、工作，还要应对多种关系。要尽快融入复杂的环境，就必须开动脑筋，善于观察，只有仔细观察才会发现问题，才能掌握职业对象的内部规律。勤于思考，才能具备灵活多变的应变能力，从而达到角色转换的顺利完成。

职场就像一个生态系统，我们要融入，与之目标一致，保持其中的平衡关系。虽然你只是系统中的一部分，但也会是发挥着越来越重要作用的一部分！

活动园

游戏——体验进化

人类的出现本身就是适应环境的结果，同学们都知道达尔文的进化论，下面我们就来体会一下进化的乐趣。

1. 五个进化阶段——蛋，爬行动物，猴子，类人猿，人。用五种肢体姿态分别代表五个阶段——蹲下，低头，双手抱住脚踝表示蛋；四肢着地表示爬行动物；弯腰，上臂可以在身体下方自由活动表示猴子；弯腰，上臂高举过头顶自由活动表示类人猿；直立表示是人。同学们练习一遍五个进化阶段的肢体表示。

2. 进行优胜劣汰。同阶段之间通过猜拳竞争，胜者进化进入下一阶段，败者退化到前一阶段。然后再找同阶段猜拳竞争，直到成功进化到人为止。

3. 游戏结束后请学生分享感悟。

【游戏目的】

灵活进行身份变化，体验职场中的进退。

适应能力测试

这套题共有 20 个题目，每个题目后有三个供选择的答案。请你仔细阅读后，选出最符合你的实际情况的一个答案。

1. 假如你的朋友突然带来一个你最不喜欢的人到你家里，你会（　　）。

（1）暂时忍耐，以后再把实情告诉你朋友

（2）把你的感觉完全隐藏

（3）表示惊奇

2. 对自己的某次失败，（　　）。

（1）只要别人有兴趣，你随时都会告诉他

（2）你只在谈话时顺便说出来

（3）你决不说，怕被别人抓住弱点，对自己不利

3. 遇到难题时，你（　　）。

（1）毫不犹豫地向学习好的同学请教

（2）经常向熟人请教

（3）很少麻烦别人

4. 你骑车去一个较远的地方参加社交活动，中途找不到路标，你会（　　）。

（1）赶快查自带的地图

（2）等待过路车或有人走过时问清楚

（3）大声埋怨，不知何时才能到达目的地

5. 当你选择衣服时，你会（　　）。
(1) 跟随新潮流，希望适合自己
(2) 选定前听取陪同朋友或售货员的意见
(3) 总是固定在一种款式上
6. 当你知道将要有不愉快的事时，你会（　　）。
(1) 感觉完全有办法应付
(2) 相信事实并不会如预料的糟糕
(3) 进入紧张状态
7. 在嘈杂、混乱的环境里，你（　　）。
(1) 不受影响，照常学习
(2) 仍能集中精力学习，但效率降低了
(3) 觉得很烦，不能静下心来读书
8. 和别人争吵起来时，你（　　）。
(1) 能有力地反驳对方
(2) 能反驳但无多大力量
(3) 常常语无伦次，最后才想起如何反驳对方，可是已经晚了
9. 每次参加正式的考试或竞争，你（　　）。
(1) 比平时成绩更好些
(2) 和平时成绩差不多
(3) 常不如平时成绩
10. 必须在大庭广众讲话时，你（　　）。
(1) 侃侃而谈
(2) 感觉虽难但还是能完成
(3) 怯场、说话结结巴巴
11. 对团体或社会性的集会，你（　　）。
(1) 总是想主导讨论
(2) 只有在知道讨论题目时才参加
(3) 讨厌在集会上说话，所以不参加
12. 受到别人的批评，你（　　）。
(1) 认真听取批评并思考改正
(2) 想查明受批评的原因
(3) 想找机会反过来批评他
13. 当情况紧迫时，你（　　）。
(1) 仍能注意到该注意的细节
(2) 粗心大意，丢三落四

(3) 慌慌张张

14. 参加各种比赛时，赛场越激烈，观众越加油，(　　)。

(1) 你的成绩越好

(2) 你的成绩不受影响

(3) 你的成绩越上不去

15. 碰到阻力或困难时，你 (　　)。

(1) 很有干劲

(2) 不改变既定的主意

(3) 经常改变既定的主意

16. 你符合下面哪一种情况？(　　)

(1) 礼貌要讲，事也要办

(2) 不安于现状，总想改变点什么

(3) 凡事只求“规范”，不办破格的事。

17. 你赞成下面哪一种说法？(　　)

(1) 是正确的就坚持，不怕打击与孤立

(2) 在矛盾面前让一让就过去了

(3) 尽量求和平，把批评和斗争降到最低程度

18. 假如自己被公开表扬，你 (　　)。

(1) 有点自豪，但不以为然

(2) 很高兴，想让朋友也知道

(3) 完全不感兴趣

19. 为了给人留下好印象，你 (　　)。

(1) 想方设法，并花一定时间考虑计划

(2) 不特意去做，但有机会就利用

(3) 根本不想在别人面前做这种事

20. 你同意下列哪一种观点？(　　)

(1) 为了深入地了解自己的国家，学习外国的东西是件好事

(2) 外国的事与我们没有任何关系

(3) 学习外国的东西比学习本国的东西更有兴趣

请对照下面的评分方法，计算出你的得分为________。

请你对照得分高的选项，想一想：为什么要这样做？你能从中学到什么？

【评分标准】

(1) 3 分；(2) 2 分；(3) 1 分。

【结果分析】

态度越积极，表明你的适应能力越强。

40～60 分，说明你的适应能力很强。

20～40 分，说明你的适应能力尚可。

20 分以下，说明你的适应能力还需要大力加强。

行动建议

四人为一小组，讨论：职场人和校园人有什么不同？将每位成员的发言记录下来。

1. 成员________，____________________

____

____

2. 成员________，____________________

____

____

3. 成员________，____________________

____

____

4. 成员________，____________________

____

____

课后阅读

超八成受访职场新人坦言经历过入职尴尬期

毕业求职季后，职场新人们陆续走上工作岗位。但是面对新的环境，很多人感到有些“尴尬”，一些性格腼腆的小伙伴甚至表示：非常煎熬。如何顺利度过刚入职的这段尴尬期？

近日，中国青年报社社会调查中心联合问卷网（wenjuan.com），对 1 334 名职场新人进行的一项调查显示，87.6%的受访职场新人经历过尴尬期。为顺利度过入职尴尬期，63.9%的受访职场新人建议多向周围人请教，多和老员工交流。49.3%的受访职场新人表示要积极主动参加入职培训和集体活动。

入职尴尬期一般有多长

“曾经到一家银行实习，第一天到岗后，带教老师只让我看《员工手册》、熟悉业务，没安排实际工作。我当时没什么经验，非常被动，就这样看了3天《员工手册》，非常难受。”入职上海某金融公司的舒彭回忆。

去年入职北京某事业单位的肖宁觉得，刚入职那段时间有太多的尴尬时刻，“刚开始工位还没有安排好，我就先在其他部门一名出差员工的工位上办公。我不太会主动跟别人搭话，大家也非常忙碌，没有人理我，那半个月我几乎没怎么跟同事说过话。”

入职尴尬期一般有多长？调查中，33.7%的受访职场新人表示有一周，25.8%的受访职场新人表示是半个月，16.3%的受访职场新人表示是一个月。

舒彭实习时的尴尬期只持续了一周，“我是实习生，大家对我比较包容，很顾及我的感受，还会带着我聚餐、娱乐，也会很耐心地教我。”

在重庆建筑行业从事人力资源工作的张雨欣说，一般新人入职的第一天都会比较尴尬，“因为刚到一个新的环境，不知道能干什么、要干什么，这个时候需要主动开口去问、去说”。

1.4%的受访职场新人表示尴尬期只有1天，10.8%的受访者表示有3天。同时，5.8%的受访职场新人表示尴尬期有3个月，2.1%的受访者达到半年，0.4%的受访者长达1年。

“刚入职时，发现我跟一名老同事回家同路，并且乘坐同一趟地铁。那段时间下班乘地铁成了我非常尴尬的时刻，甚至想过要不要搬家。”肖宁说。

调查中，51.8%的职场新人表示，不了解公司的不成文规定，51.4%的职场新人表示与不熟的人相处会让人感到尴尬或手足无措。

“我的工作涉及很多关于软件开发、撰写代码的内容，这些对于我来说挺陌生的，但部门的同事又很忙碌，所以我很多时候只能闷在工位上，自己没有方向地摸索。”目前在某科技公司生态运营岗位工作的董羽表示，刚入职那段时间时常感到很孤独，不太适应。

重庆某职业院校专职教师罗南思源工作快3年了。他说，对于很多新入职的老师来说，最手足无措的就是第一堂课。“我们很多人都不是师范专业毕业的，不知道该如何上好一堂课，如何去面对学生。这对我们来说是一个非常大的考验。我现在都还记得那种紧张感。”

调查显示，令职场新人感到尴尬的情境还有：融入不了新环境（38.3%）、被冷落（38.0%）、没人说话（33.4%）、新工作挑战很大（26.8%）等。

如何顺利度过入职尴尬期

“我当时意识到，一直这样学不到东西，就开始主动问带教老师和周围的同事，是否有需要我帮忙的工作。”舒彭认为，在职场上要学会主动，“他们看我的态度很积极，就开始让我从最简单的事情做起，比如复印、打印资料等，慢慢产生了信任，让我做一些更复杂的工作。我由此慢慢融入了进去，摆脱了尴尬期。”

罗南思源说，入职尴尬肯定每个人都会有，作为职场新人，进入的是一个陌生的圈子，没有办法快速融入很正常。他感觉，这个时候首先要做的是把自己的工作理顺，提升能力。慢慢地，随着同事们的认可，就会有更多的互动交流。

顺利度过入职尴尬期，63.9%的受访职场新人建议多向周围人请教，多和老员工交流，55.6%的受访职场新人建议和同期入职的新同事互相鼓励打气，50.1%的受访者建议在工作中好好表现，得到大家的认可。

肖宁觉得，在职场上有同龄人非常重要，容易聊到一起。要是跟同事年龄相差较大，大家谈论的话题不同，会比较难融入。

“我们公司有新员工培训，工会还会组织活动，给员工安排联谊会，或者登山、钓鱼、野炊等活动。”张雨欣说，对刚步入社会的年轻人来说，企业这个集体非常重要，能帮助他们对新环境快速熟络起来，建立安全感、归属感。“整个企业的氛围也很重要，对待新员工要充分理解、保持尊重，给予适当的关怀。”

“我的上一份工作，在入职前有为期一周的培训，其中一天是去一个小岛，以一种军事化的管理方式，让我们体会吃苦耐劳。但我并不享受那一天的时光，因为非常累。现在所在的公司每个月都会有一个茶话会，初衷是好的，希望大家能从紧绷的工作状态里抽离出来，吃点东西，聊聊天，放松一下。但是形式太单一了，没有人主导，大家根本聊不起来，基本就是吃点东西就离开了。”董羽建议，公司还是要用年轻人真正喜欢的活动把大家凝聚在一起。

舒彭很羡慕同学所在公司的团建活动，“组织大家去游乐园，或者去郊外露营，这些活动更受年轻人的喜爱”。

调查中，49.3%的受访职场新人表示要积极主动参加入职培训和集体活动，43.6%的受访者建议从小事做起，给大家留一个好印象，38.6%的受访者认为可以通过聊聊趣事、八卦等，拉近与同事的关系，28.9%的受访者建议学习一些职场社交技巧，28.6%的受访者认为可以不断心理暗示，接受并认同自己的职场身份，19.5%的受访者觉得顺其自然，时间长了就好了。

舒彭说，初入职场的大学生可能还会有惯性思维，什么都等着别人来教、来指派，但其实职场中每个人都很忙，有什么问题最好自己先研究一下，实在不会了再寻求别人的帮助。

针对新人最初一段时间没有被分配太多任务的情况，张雨欣表示，这种情况很常见，她建议这个时候要多了解公司的企业文化、组织架构、部门业务等，同时查漏补缺，看看自己的技能在跟公司业务需求对接上还存在哪些不足，尽快“打补丁”，以便更快适应工作需求。

资料来源：王品芝，丁香雪钰．超八成受访职场新人坦言经历过入职尴尬期［N］．中国青年报，2023-05-24.

专家建议：毕业生初入职场要学会应对焦虑情绪

毕业季来临，莘莘学子即将踏入职场，走进社会。一些年轻人在初入职场时会无所适从，感受到工作压力，产生焦虑情绪。专家指出，适当的焦虑情绪是一种动力，可以促进自我提升，但不要陷在这种情绪里，要学会缓解焦虑，找到自己的工作节奏。

湖南省脑科医院心身医学科副主任医师李莉分析，很多人有焦虑情绪，这是预感有危机发生而形成的情绪状态，主要症状是对一些事情过度担心。

那么，职场新人的焦虑情绪如何缓解呢？李莉建议，首先，职场新人可以提前做一些准备工作，适应新的人生角色，比如可以提前做一些实习工作，为完成新角色的转变做好准备。

其次，职场新人需要正确认识自己，用积极的态度去面对工作，用正确的态度接受来自领导和同事的评价。当工作出现问题时，要积极面对，积极解决问题。职场新人可以每天设定自己能完成的“小目标”，用行动来证明自己的能力。与此同时，职场新人可能需要接受领导、前辈和同事的评价，对于正面评价要客观看待；如果得到负面评价，要用谦虚的态度面对，同时客观审视自己的缺点，一方面学会接纳自己的不完美，另一方面要努力做得更好。

再次，职场新人要接纳自己的不良情绪，和焦虑情绪共存，同时找到排解情绪、释放压力的途径，比如下班后可以适当运动、看电影，也可以利用周末进行短途旅行，与充满正能量的朋友聊聊天。

此外，要建立良好的人际关系。湖南省脑科医院精神科主任周旭辉指出，建立良好的人际关系，有助于缓解焦虑情绪。年轻人可以加入一些社团组织，有了志同道合的朋友，焦虑情绪会减轻。

周旭辉说，很多职场新人都会出现焦虑情绪，这是正常的，但如果出现了长期的焦虑情绪，甚至影响到睡眠，就需要看专业的医生进行心理治疗。

心理专家建议，长期焦虑会影响人的身心健康，这需要不断调整内心的“指针”，找到自己的节奏感。作为职场新人，不要一味求快，要学会张弛有度，这样可以更好地适应新角色。

资料来源：帅才，姚羽．专家建议：毕业生初入职场要学会应对焦虑情绪．新华网，2022-07-02.

第二节　树立正确的择业观

学习目标

1. 分析中职生的几种择业观。
2. 树立正确的择业观。
3. 培育职业精神、职业素养。

职业角

案例一

几位即将毕业的中职生聚在一起聊就业问题，畅想未来。张同学说："我不感兴趣的单位绝对不去！"李同学说："与我的专业不对口的单位不能去。"杨同学说："没有住房补贴的单位不去！"徐同学说："我要去大城市，小地方不去！"王同学说："我爸说非事业单位不要去！"于同学说："工资低于 5 000 元的单位不去！"黄同学则说："给别人打工不如自己当老板。"任同学自有主张："有工就打，有活就干，给钱就行。先养活自己。"已有实习经验的吴同学说："工作一年后，我要当经理，工作三年后要当车间主任，现在我只想做一名好操作工。"

思考：案例中几位同学的不同说法，反映了他们对职业选择的基本看法和观点。你赞同哪位同学的说法？你有不同于他们的想法吗？

案例二

学校推荐十几名毕业生去某工厂就业，报名推荐时热情高涨，但开工第一天就有同学临阵脱逃，三个月后已所剩无几。"竟然还要我倒垃圾！""主管很喜欢骂人，受不了！""学不到什么专业知识。"学生们怨声载道，甚至有些家长也抱怨："工作地点离家太远，吃得差，钱又不多。"小兰就是其中的一员，毕业后工作才一年多，在每个单位都待不久，已经跳槽四次了。每次跳槽的原因，都是她看不惯身边的同事，总觉得别人能力不怎么样，技术甚至还不如她一个新人，有些上司做人也有问题，总感觉有人在和自己作对，她想说又不敢，老憋在心里又影响心情，时间久了，就待不下去了。

点评：树立正确的择业观，调整就业心态很重要，“从低做起”“先就业后择业”“不怕转岗、不怕改行、不怕失业”，主动积极地适应现实，努力做好本职工作，慢慢为自己积累经验，一步步向前，才能有美好的职业发展前景。

就业小技巧

认清就业形势

我国就业形势总体稳定。就业状况很大程度上取决于经济增长的质量和速度。要看到，我国经济韧性强、潜力大、活力足，长期向好的基本面没有变，这为保持就业形势总体稳定奠定了坚实基础。近年，国内需求稳步扩大，消费带动作用增强，市场用工需求增加，促进就业形势整体好转；服务业增势较好，促进就业容量扩大，交通运输、住宿餐饮、旅游等行业较快增长，对就业的带动作用明显增强。

近年，各地出现“大学生就业不如中职生”的现象。中职毕业生就业率呈现出与文凭高低相反的现象，即职校生高于专科生、专科生高于本科生。普遍认为，中职生的高就业率来自职业技术教育独有的优势。中职生具有较强的实用技术和实际操作能力，与社会需求结合密切。但未来将面临转折点，一方面，在经历大幅扩招后，每年的中职毕业生数量都在增长。扩招导致学生素质下降，热门专业人才过剩；另一方面，大学生们不断降低就业期望值，随着就业压力的增加，不少大学生不再像以前那样对工作岗位挑三拣四，对薪酬的期望值也降低，这意味着毕业生就业竞争仍然会很大。

择业心理误区

面对就业形势的变化，大部分学生仍存在着这样一些心态：“专业不对口不去”“工资低不干”“加班太多不干”“做普工没意思”“工作环境太吵受不了”“离家太远了不考虑”，最后就导致“高不成低不就”，一份工作干不久，工作层次得不到提升等。分析当前中职学生的择业心理，存在以下几方面的问题：

（1）好高骛远。就业心理期望值很高，“高不成低不就”，“脚踩几只船”。

（2）自卑，依赖。认为技不如人，不敢推销自己，不敢参与竞争，心灰意冷、得过且过，把希望寄托在学校、家人、亲友身上。

（3）盲目从众。没主见，没想法，“人云亦云”，大多数人往哪里“挤”，自己就往哪里“挤”。

（4）恐惧逃避。害怕离开学校，怕与人打交道，对走入社会感到恐惧，忧心忡忡、无所适从。

心态决定成败，心态改变命运。我们要清醒地认识当前的就业形势，为自己谋划未来。

树立正确的择业观

正确认识自己，及时调整就业心态，树立良好的择业观是中职学生择业的关键。

一、竞争上岗

从起点上来讲，处于弱势的中职毕业生必须敢于竞争，在就业中，勇敢地“推销”自己，主动出击，突出介绍自己的“闪光点”和自己与众不同的地方，以获得用人单位的青睐。如果没有主动竞争的思想准备和积极参与应聘的行为，面对激烈的竞争时，就会显得手足无措，难以找到适合自己的工作岗位，无法顺利实现就业。

二、先就业再择业

人生面临许多重要选择，择业便是其中之一。当你饿了的时候是先找东西填饱肚子，还是非山珍海味不食？当前，就业压力使毕业生不能够也不可能一步到位。中职毕业是一个人独立生活的开始，当务之急就是挣钱养活自己，直面生存，才最真实。而且，人们适时变换职业，无疑也是一种社会的进步。对于中职生而言，人生之路刚刚开始，以后的路还很长。树立“先就业，后择业”的观念，抱定“低调做人、高调做事”的心态，求职之路、职业生涯之旅一定会越来越通畅。

三、工作无贵贱之分

“三百六十行，行行出状元。”一切职业和劳动岗位都是平等的，各种正当职业的劳动者都是创造社会财富所必需的。工作无高低贵贱之分，能自食其力就是光荣。俗话说得好：“没有没出息的职业，只有没出息的人。”所以，应该承认，中职毕业生不仅什么工作都可以做，而且什么工作都能够做好。

四、适合的就是最好的

毕业生找工作时，往往首先考虑“我想干什么”，很少考虑“我能干什么”“我适合干什么”“用人单位需要我干什么”，不了解各种职业对从业者都有特定的要求。其实，社会上有许多职业可做，但最重要的是知道自己最适合做什么，只有做自己最适合的工作才是最愉快的，也才是最容易做好的。

五、到需要我的地方去

“不想离家太远”“父母不让我出去打工”“出去生活会不习惯”……部分中职生对就业地点总有一些顾虑，脚步迈不出家乡的门槛。随着经济的发展，信息化时代的到来，地区差异越来越小，企业间业务联系越来越频繁，商务差旅已成为常态。每个人必须随时做好“背井离乡”的思想准备，打破“守在家门口”不愿外出打工的旧观念，树立全方位、多渠道的新择业观。不论所有制形式，不论城市农村，不论边疆内地，只要能发挥作用，对社会有益的职业和工种都不妨一试身手。

六、不图享乐，从低做起

目前，不少企业高科技含量还不高，一线岗位的劳动强度比较大，有些岗位的劳动条件比较艰苦。准备求职的毕业生，择业时必须要有面向基层、面向生产第一线、艰苦奋斗的思想准备。“宝剑锋从磨砺出，梅花香自苦寒来”，没有艰苦的磨炼，以及多年工作经验和能力的积累，怎么能够取得骄人的成就并担当重任呢？可以说，基层是毕业生成才的沃土。所以，毕业生在选择第一份职业时，起点不一定要高，只要爱岗敬业、吃苦耐劳，不断钻研业务，就一定能成长为优秀的劳动者、优秀的管理者。

活动园

家　谱

家人、亲戚、邻居和朋友，他们的言行会影响你做人和做事的态度。他们从事的职业也一般是你比较容易接触到的。因此，相比之下，在众多的职业中，你是比较容易对这些职业产生了解和能准确认识的。而对某一职业感兴趣，也通常是要建立在对它的准确认识基础上的。要想了解自己感兴趣的职业，就从这里开始吧。

确认家人、亲戚、邻居、朋友们的职业，把其中感兴趣的职业写下来。

与你的关系	他们从事（或曾经从事）什么职业？
父亲	
母亲	
兄弟	
姐妹	
叔叔/舅舅	
婶婶/舅妈	
姑姑/姨妈	
祖父/外祖父	
祖母/外祖母	
堂/表兄妹	
邻居	
朋友	
其他人	

行动建议

一、有关“工作”的一分钟联想

请在一分钟时间内尽可能地写下头脑中所联想到的任何短语。

我希望工作____

____

____

____

____

现在每四位同学组成一个小组，每个人说说自己最想从工作中获得什么，或者说选择工作重视的是哪些因素。

二、工作价值观

(1) 声望：受到大家的尊重与礼遇。

(2) 独立自主：能够自己做决定。

(3) 助人：能够协助或教导别人。

(4) 多变化：工作的内容不单调，有挑战，需创新。

(5) 领导：工作时能够督导他人、分配工作。

(6) 兴趣：符合自己的喜好。

(7) 待遇：薪水高、利润多。

(8) 休闲：自己拥有较长的休闲时间。

(9) 福利：用人单位能够提供良好的福利。

(10) 前景：这个职业将来会有很好的发展。

(11) 安定：收入稳定，不受经济发展状况影响。

(12) 升迁：有明确的升迁机制和机会。

(13) 有意义：对人、社会或世界的贡献比较大。

(14) 环境：工作环境舒适。

(15) 人际：同事修养好，人际关系和谐。

每个人希望从工作中获得的、追求的、重视的东西都不同，每个人的工作价值观也不同。从不同的工作中，能获得满足感的工作价值观也不同。现在请你不考虑具体的工作，在上述 15 个工作价值观中挑选 5 条你认为最重要的工作价值观，并按照重要性递减顺序填写到下面的横线上。

________→________→________→________→________

为了进一步澄清最重视的工作价值观是什么，现在选出最重要的5条工作价值观，分别写在5张小纸条上。

在另外一张白纸上给每一条你认为最重要的工作价值观下定义，即：要达到什么样的水平才能满意？

现在，如果不得不放弃其中的一条，你会放弃哪一条？将准备放弃的这一条与其他人交换。

现在，如果不得不放弃剩下四条中的一条，你会放弃哪一条？再次与其他人交换。（保留刚才别人给你的，放在一边。）

继续下去，直到最后一条。这条是否无论如何也不愿放弃？

【讨论】

1. 通过这个活动，对自己的工作价值观有什么样的了解？
2. 工作价值观会对职业选择和自己产生什么样的影响？
3. 其他人的工作价值观会对你造成什么样的影响？

课后阅读

如何选择职业

小张是某校英语专业的应届毕业生，2020年在求职时共发出40份简历，收到三家公司的面试通知——第一家是英资地产管理公司物业管理客服；第二家是上市网游公司欧美市场英语客服；第三家是星级酒店前台客服。小张应选择哪一份工作呢？

小张首先通过自我认知，列出自我分析：

所学专业：英语，选修德语。

实践经验：在星级酒店实习时做前台客服；在三星公司接受过家电销售方面的专业培训。

个人特长：语言丰富，善于沟通。

个性特点：喜欢与人交往，追求新意，乐于冒险。

理想工作：受人尊重，能够接触许多人，初期工资适中，有发展空间。

弱点：缺少耐性，容易着急。

完成自我认知，小张又对三家用人单位做了如下分析：

英资地产管理公司：历史悠久，管理规范，有严格规范的岗前培训，可以学到很多知识，但自由度不大，有发展的空间，月薪资4 500元，外加“五险一金”。

网游公司：管理不规范，自由散漫，培训就是玩游戏；既有挑战性又有风险性；对客服人员要求有极强的英语口语表达能力；月薪资5 500元，外加“五险一金”。

星级酒店：管理规范，工作时间长，效益不稳定，工作内容简单，不需要过多的专业知识；月薪资 4 500～5 500 元，外加“五险一金”。

小张的选择是：首先，排除风险大、管理不规范的网游公司；其次，排除工作时间长、效益不稳定、知识含量低的星级酒店；最后选择了收入相对较低的英资地产管理公司。

同学们，为什么小张选择了收入相对较低的英资地产管理公司？如果你有与小张相同的就业机会，你会怎样作出选择？

“鱼和熊掌不可兼得”，小张的选择是理性的。首先考虑风险问题，其次考虑管理环境和发展空间，虽然暂时收入低一些，将来会有大的发展。

资料来源：傅筠，黄道平．创新·创业与就业［M］．北京：机械工业出版社，2009：155.

高凤林：愿意贡献、善于贡献，这就是“匠心”

“像火箭推进器一样燃烧自己，靠的是匠心，成就的是大国工匠。”9 月 2 日，中华全国总工会副主席（兼）、大国工匠高凤林在首届大国工匠论坛现场访谈中表示，打造人才高地，也要打造奉献高地，才能实现高质量发展。

高凤林是中国航天科技集团有限公司第一研究院 211 厂航天特种熔融焊接工、首席技能专家。从事航天特种熔融焊接 40 多年，高凤林为 90 多枚火箭焊接过发动机，攻克了航天焊接难题 200 多项。

2006 年，由 16 个国家和地区参与的反物质探测器项目，因为低温超导磁铁的制造陷入困境。就在所有人一筹莫展时，诺贝尔奖获得者丁肇中教授找到了高凤林，请他助一臂之力。经过现场调研后，高凤林创新设计方案，顺利通过评审，制造难题迎刃而解。

高凤林在国际上打出了“中国焊将”之名。声名远扬后，有外企开出八倍于其工资的高薪、承诺解决住房问题“挖”高凤林。他毫不犹豫地拒绝了。“我的国家，因为我的努力而强大，这才是我的骄傲。”高凤林说，中国载人航天工程在起步晚、基础弱、技术门槛高的情况下启动，仅用 20 多年就敲开了建设空间站大门，这是一个奇迹，造就奇迹的正是无数航天领域工匠的奉献精神。

“一个国家、一个地区的发展，不仅需要高技能人才的技能，还需要他们愿意贡献、善于贡献，这就是‘匠心’”。高凤林认为，推动产业工人队伍建设改革走实、走深、走心，为工匠量身定制晋升及薪酬、奖励政策，才能引领全社会尊重劳动、热爱劳动、崇尚劳动的氛围。

资料来源：彭雅惠，曹娴，刘奕楠．高凤林：愿意贡献、善于贡献，这就是“匠心”［N］．湖南日报，2022-09-09.

第三章 技巧准备

兵家云：不打无准备之仗。职场如战场，就业前的面试要一炮打响。本章旨在让学生熟悉寻找职业的途径及方法，做好应聘前的资料准备，掌握面试与笔试技巧，顺利打开“职业之门”。

建议教师在指导学生学习本章时，采取案例分析、情境模拟与小测验相结合的方式进行，选择方法应具有针对性、互动性和全员参与性。

第一节　获取就业信息

学习目标

1. 了解获取就业信息的渠道。
2. 学会防范就业陷阱。
3. 培养法治意识。

职业角

案例一

小周是某职业高中数控加工制造专业的学生，学习成绩中等，这使他时常为前途担忧。为了能顺利找到工作，他利用实习的机会，收集了大量数控制造专业的招聘信息，并主动与用人单位的负责人接触，了解了用人单位的要求。最后，在毕业前夕，他选择了一家比较适合自己的公司去面试。由于小周对公司的用人要求了解透彻，在参加面试的众多竞争者中脱颖而出，获得了自己理想的岗位。

点评：信息是决策的重要依据。全面、准确的职业信息，能够确保我们做出正确的职业决策。收集求职信息的渠道主要包括：学校就业指导部门、职业介绍机构、招聘洽谈会、报刊、网络、自己的观察，以及亲友、邻居、校友的介绍。

案例二

小王在网上获知广州一家计算机公司招聘技术人员，待遇很好。小王是计算机专业的应届毕业生，投递简历的当天小王就收到了对方的回复，非常热情地邀请他到广州进行面试，并表示公司会派人到火车站接他。

思考：如果你是小王的好朋友，你会给他一些什么建议？

就业小技巧

求职渠道

所谓求职渠道，就是收集工作信息以及求职的途径。这是所有求职者获得一份理想工作必经的一步。

下面介绍几种常见的求职渠道。

一、实习单位

通过学校介绍的或者是自己有意向去寻找的实习单位，是省心省力的求职方式。一是自己在企业已经学习了工作技能和经验，缓解了进入职场的压力和不适应感，能很快开展工作。二是企业招聘时，从实习生中择优选拔省去了培训和再度磨合的时间，可以降低成本、提高工作效率。

二、招聘会

招聘会可以让求职者在相对较短的时间内与招聘公司直接见面，互相了解。但是通常招聘会现场人多、拥挤，且无法事先知道来招聘的企业或岗位。一般校内招聘会主要是针对应届毕业生，大多数大型企业会在校园招聘季期间，在各大校园设立招聘宣传岗位，提供大量的实习和入职机会，相对比较稳妥。社会上的招聘会适用于有工作经验的人士，是一种比较广泛的求职渠道。

三、学校就业服务中心

学校就业服务中心是学校内部机构，掌握与专业相关的职位信息，对求职的学生来讲竞争较少，针对性强，但专业受限，资源有限。

四、报纸杂志

报纸杂志招聘是最传统的方式。一般每个地区的大众报纸都开辟有本地区招聘广告，针对本地区读者发布。一些行业的专业刊物也是比较好的求职渠道，针对专业对口的技术类职位。

五、网络

随着网络的普及，网络招聘、求职也成为一条重要的途径。各大在线招聘网站信息量大，拥有海量的职位信息和求职者简历，可以提供更多的职业选择和机会。但是信息真实性难以保证，需要求职者筛选和判断。

六、关系网

关系网就是通过自己的人脉关系寻求工作。通过家人、朋友、同学、老师、曾经的上司、同事等熟人求职是一条重要且有效的途径，成功率相当高。据有关研究和统计，63%～75%的工作是通过各种关系网获得的。

处在不同职业状态的人获得信息的方式是不同的。刚毕业或者工作经验较少的人，一般需要采取主动的方式，利用自己身边一切资源寻找工作。但对于有丰富工作经验的人士或有一定专业技术人才来说，工作是会找上门的。他们的信息可能是猎头公司或同行同事介绍的。不管怎样，我们就业的时候要把能利用到的渠道都用起来，进行优劣比较，选出最适合自己具体情况的，这样才能事半功倍。

求职防骗的技巧

填写个人简历时，不要在规定位置以外的地方填写联系方式，这样会泄露你的联系方式，可能导致不安全的情况发生；只留本人联系电话并保持畅通，不要长时间关机，最好不留家庭电话。

接到企业的面试通知时，高兴之余要特别注意：

一、核对信息

接到招聘单位的面试电话后，一定要再通过网络或当地熟人核实该企业的资料；如果对方用非固定电话与你联系时，必须向对方询问固定电话，尽量通过对方的固定电话预约面试和了解企业信息。

二、确定面试地点

正规的单位一般会将面试地点设在单位的办公室、会议室，要警惕一些以租用房间作为面试地点的单位；不要轻信招聘者在指定的街道或酒店接待，尽量主动找到单位所在办公地或办事处，最好有人陪同。此外，大多数单位不会主动派车去接应聘者，应聘时不要随陌生人到偏僻地方，不要将手机等财物借给陌生人。

三、拒交各种名义的费用

任何招聘单位，不得以任何名义收取抵押金、服装费、产品押金、风险金、报名费、培训费等。单位培训本单位的职工，也不准收取培训费。遇到此类情况，要坚持拒交，并向招聘单位所在地主管部门举报，确保自己的合法权益不受侵害。遇到单位要求体检才能上岗的，注意：单位不应当指定一家医院，尤其是私立医院或者诊所。如遇到此类情况，不要轻易相信。

四、不轻信许诺到外地上岗

对一些外地企业或外地分公司、分厂、办事处的高薪聘用，不论其待遇多么好，都要保持清醒的头脑和高度的警惕，不要轻信口头许诺，要到人力资源和社会保障部门咨询，并办理相关的手续。

五、掌握劳动法规和相关政策

在求职前或求职过程中，应主动学习劳动法规和相关政策，提高自己的求职整体素质和独立思考的能力。

六、通过多种途径了解公司背景

在正式进入单位之前，想方设法加强对企业的了解以免误入骗子设下的陷阱。比如：注意招聘单位的营业执照等相关证件。

七、谨慎签订劳动合同

注意合同中关于劳动者的权利和义务的规定，了解合同中应有的条款，对于不清晰的合同条款，要向用人单位咨询，并以书面形式进行明确规定。注意，口头合同在发生劳资纠纷时往往不被认可。

八、发觉被骗，及时报案

一旦发觉上当受骗，要及时向招聘单位所在地的人事劳动部门或公安机关报案，寻求法律保护。由于劳务诈骗往往涉及公安、市场监督管理、人力资源和社会保障等部门，求职者应该根据情况选择最有效的投诉部门。若被投诉对象为合法机构，求职者可以找劳动部门；若求职受骗情况特别严重、诈骗金额大，可以到公安部门报案。

活动园

求职广告大搜索

假如你现在在一个职业介绍所任职，你将怎样帮求职的人找工作呢？请从大量招聘广告中，帮两个求职的人及你自己找份合适的工作。

大庆的履历表

年龄：25岁	学历：大学	性别：男	工作经验：3年	地点：广西
专长：电脑程序设计	目标：主管或经理	希望待遇：月薪5 000元		
可考虑的工作是：				

小静的履历表

年龄：21岁	学历：高职大专	性别：女	工作经验：无	地点：四川
专长：商业文书	目标：稳定收入	希望待遇：月薪3 500元		
可考虑的工作是：				

你的履历表

年龄： 学历： 性别： 工作经验： 地点： 专长： 目标： 希望待遇： 元 可考虑的工作是：

就业信息获取途径分析表

请你分析各种就业信息获取渠道的优点、缺点及是否符合自己的实际情况，挑选出一条最适合你的渠道。

获取途径	优点	缺点	自身情况

行动建议

四人为一小组，利用周日时间到招聘会、人才交流中心收集招聘信息。回来后填写下表。

序号	职业名称	联系人	单位名称	地址	电话
1					
2					
3					
4					

课后阅读

毕业生八大求职“陷阱”及避“坑”提示

毕业生即将走向职场，开启人生新篇章，一些不法分子专挑涉世未深的毕业生求职者进行欺诈，让人不得不防。求职不易，还需警惕，大家要小心“求职陷阱”，避开套路和骗局。

一、黑中介陷阱

一些非法职业介绍机构以介绍工作为名，向求职者变相收取各种名目费用。它们的典型特征是没有人力资源服务许可等相关资质，以冒充或伪造相关资质骗取求职毕业生的信息。这些非法职介机构即便提供了岗位信息，往往也是与毕业生需求不匹配甚至虚假的就业岗位。

防范提示：毕业生求职时，应当优先选择公共就业人才服务机构和正规市场中介机构。对市场中介机构，应了解其经营范围是否包含职业介绍业务，是否具备《人力资源服务许可证》。与市场中介机构签订协议时，不要轻信其口头承诺，一定要看清协议的内容，不要盲目签字。

二、兼职陷阱

一些诈骗分子打着高薪兼职、点击鼠标就赚钱、刷单返现等幌子进行诈骗，其特点是门槛较低，号称轻松兼职、薪酬丰厚。

防范提示：毕业生不要轻信既轻松又赚钱的好事，应当了解当前岗位的市场薪资水平，明白“天上不会掉馅饼，掉下来的往往是陷阱”。同时注意个人信息安全，不要轻易泄露银行卡、网银、支付宝等密码信息，不要随意打开陌生网址链接。

三、收费陷阱

用人单位或者中介机构以招聘为名，收取毕业生报名费、服装费、体检费、培训费、押金、岗位稳定金、资料审核费等费用。有些中介机构与不法用人单位合作，先由中介机构以推荐工作为名收取费用，毕业生到该用人单位入职时，不法用人单位编造各种理由拒绝毕业生上岗或中途辞退。还有些中介机构向毕业生承诺提供高薪行业实习岗位，但毕业生必须缴纳相关服务费用。

防范提示：毕业生要谨记，应聘工作本身并不需要任何费用，对于将先交费作为条件的招聘、面试、实习等都需要谨慎对待，核实有无收费的法律依据。如交费，一定要求对方出具正规发票并加盖单位公章，为可能发生的纠纷维权保留证据。

四、借贷陷阱

个别中介机构或用人单位以高薪就业作为诱饵，向高校毕业生承诺培训后包就业，但须向指定借贷机构贷款支付培训费用。培训结束后，培训机构往往难以兑现承诺，或推荐的工作与原先承诺相差甚远，毕业生可能会面临身负高额借贷又没有实现就业的不利局面。

防范提示：毕业生要增强辨别意识，看机构或企业经营范围是否包含培训内容，看承诺薪资是否与社会同等岗位大体一致，慎重签署贷款协议或含有贷款内容的培训协议，注意保留相关材料。一旦发现被骗，立即向有关部门报案。确有需求参加职业培训的，请到当地人力资源和社会保障部门官方网站查询正规培训机构。

五、传销陷阱

传销是指组织者或经营者通过发展人员，要求其缴纳费用或者以购买商品等方式，取得加入或发展他人的资格，牟取非法利益的行为。传销一般以亲友极力推荐的途径传播，基本都以轻松赚大钱、无须面试直接上岗为噱头。传销面试或工作地点都比较偏僻且转换频繁，公司业务不能清晰说明。

防范提示：毕业生务必清楚传销属于违法行为，在求职中要了解传销的基本特征，对发展下线的宣传，要保持头脑高度清醒，防止陷入传销组织设计的圈套中。如果不慎进入传销组织，在确保人身安全的前提下，第一时间脱身报警。

六、合同陷阱

在合同签订过程中，个别用人单位为降低用人成本、规避用工责任而侵犯高校毕业生合法权益。有的仅签订《就业协议书》，或以谈话、电话等口头形式约定工作相关事项，没有签订书面劳动合同。有的合同内容简单，缺少工作岗位、工作地点、工资、劳动条件、合同期限等具体内容。有的以少缴税款为由，同时准备两份不同薪资的“阴阳合同”。有的包含“霸王条款”，要求几年内不得结婚、无条件服从加班、试用期离职不结算工资等。

防范提示：法律规定，建立劳动关系双方应当订立书面劳动合同。毕业生在签订劳动合同前，应与用人单位认真协商、慎重对待，不可草率签订。要注意劳动合同是否具备《劳动合同法》规定的必备条款（用人单位基本情况、合同期限、工作内容和地点、工作时间和休息休假、劳动报酬、社会保险、劳动条件等），特别要高度警惕其中于法无据、明显不合理的条款，防止掉入陷阱，难以维权。

七、试用期陷阱

有的用人单位超过法定上限约定长时间试用期，或者重复约定试用期。有的用人单位以试用期为由，支付工资低于当地政府规定的最低工资标准，或者不缴纳社会保险。还有的用人单位为了降低用人成本，大量招聘应届高校毕业生，试用期约定较低的工资，等试用期结束后，便以各种理由解聘，“假试用，真使用”。

防范提示：任何违反法律规定的试用期约定无效。根据劳动合同期限的不同，试用期有不同的时限限制，最长不超过 6 个月，同一用人单位与同一劳动者只能约定一次试用期；以完成一定工作任务为期限的劳动合同或者劳动合同期限不满 3 个月的，不得约定试用期；劳动合同仅约定试用期的，试用期不成立，该期限为劳动合同期限。试用期期间，应正常缴纳社保，工资水平不低于单位相同岗位最低档工资或者不低于劳动合同约定工资的 80%，并不低于当地最低工资标准。

八、信息陷阱

有的用人单位为了增加对高校毕业生的吸引力，往往故意夸大单位规模、业绩、发展前景、工资和福利等。有的用人单位玩弄文字游戏，对招聘职位的工作内容做模糊化处理，将销售员、业务员等职位美化成“市场部经理”“事业部总监”等有诱惑力的名称。

防范提示：毕业生可通过企业官网、媒体报道、工商登记注册信息等查询用人单位的基本情况，仔细甄别各类招聘信息，不要盲目轻信。求职时要详细询问岗位信息、工作内容，不能只看表面，避免入职后发现实际工作与预期有出入，浪费求职时间和精力。同时，可以多种途径了解公司背景，对长时间大量招聘、离职率高的，要提高警惕。

综合上述案例，提醒广大毕业生要通过合法的、正当的、信誉好的信息渠道来掌握和了解招聘信息，可以到各地公共就业人才服务机构、公共招聘网站，以及人力资源和社会保障部门推荐认定的诚信人力资源服务机构网站查询求职信息。多种途径了解用人单位背景，不盲目轻信，接到招聘邀约后，尽量多和有一定社会阅历的亲朋好友沟通情况，冷静听取他们的意见和建议。一旦遭遇上述陷阱，请立即拨打12333电话或前往人力资源和社会保障部门投诉举报。如果人身安全受到威胁或伤害，立即向公安部门报警。

资料来源：就业促进司．毕业生八大求职“陷阱”及避“坑”提示［EB/OL］.(2023-05-12)［2023-12-16］. http://www.mohrss.gov.cn/SYrlzyhshbzb/jiuye/gzdt/202305/t20230512_499931.html.

第二节　应聘准备

学习目标

1. 了解应聘前应准备些什么。
2. 学会填写应聘表格。
3. 培育健全人格。

职业角

案例

清晨6时整，一阵急促的闹铃声把小王唤醒。“今天上午参加面试”的念头刚刚闪过，小王就一骨碌从床上爬起来。

为了做好今天上午10时世纪公司的面试，小王已精心准备了一周。招聘单位的背景材料、招聘简章、面试礼仪常识、面试中的疑难问题等都已制成了卡片，可以随时拿出来查阅。身份证、毕业证、职业资格证、计算机三级证书、在校获奖证书的原件、复印件也按目录装在文件袋中。

上午8时整，小王查看了交通路线图，把所有资料及钢笔装在包内，整装待发的他走到镜子前，进行最后检查。小王服装整洁，得体，大方，脸上充满着自信的微笑……迎着初升的太阳，小王走出了家门。

思考：小王在面试前做了哪些准备？特别是他做了哪些资料准备？

就业小技巧

应聘前的准备

一、了解应聘单位的信息

如果在应聘的时候，求职者对招聘单位的情况比较了解，说明他对单位重视，有好感，以后工作积极性会比较高。面试官比较喜欢这类求职者。注意，不要仅了解应聘单位发布的招聘信息，还应该通过熟悉情况的老师、亲戚、朋友、网络等对应聘单位进行各方面了解，以免上当受骗。

二、不能迟到

迟到的人给面试官的感觉是没有责任感。事前应查好到应聘单位的交通路线，计划好时间，最好比约定时间提前5～10分钟到达，从容地整理思路和自己的仪容。如果真的因为有事无法准时到达或缺席面试，一定要尽早告知，解释清楚。

三、准备好合适的衣服

参加招聘时不需要穿名牌或过于花哨，以朴素大方为度，如确实没有得体的衣服，穿校服也行，但要干净整洁，不要有破烂或印渍。

四、前一晚保证充足的睡眠

在面试时呵欠连连，不但是失礼的行为，也失去一个年轻人应有的活力。试问，谁愿意聘用这样没有精力的人？

五、个人资料准备

个人资料是求职者必不可少的书面材料。如果在报名应聘的时候已经交过，也应多带一份。也许面试和收资料的不是同一个人，也许面试官只是想看看你办事是否周到、细致……总之，当面送上一份个人资料会提升你的印象分。

一份好的个人材料应该包括以下内容：

第一页是求职信。求职信又称“自荐信”或“自荐书”，是求职人向用人单位介绍自己情况以求录用的专用性文书。它与普通的信函没有太大区别，内容是以最佳候选人的形象去应聘一个具体的职位。求职信的格式有一定的要求，内容要求简练、明确、富有个性，切忌模糊、笼统、面面俱到。

第二页是个人简历。个人简历与求职信不同。简历不一定要非常精美，但要注意很多细节。这是对用人单位的最起码尊重。注意以下几点；用事实说话，既不虚构，也不夸大；突出自己的特点，如身体素质好；既有一定的理论基础，又有较强的实际动手能力；受到较规范的专业技能培训等。

第三页是毕业生推荐表复印件（包含学习成绩）。

第四页是身份证复印件。

第五页以后是专业技能证、英语等级证、计算机等级证书和各种荣誉证书复印件。

如有其他证书或材料也可附上。

活动园

看看你适合什么职业

这是一个很神奇的迷宫，从开始到结束，一定要凭借第一感觉走出去。

【结果分析】

到达终点 A 的人适合的职业：警察、教练、作家等。

到达终点 B 的人适合的职业：漫画家、会计、导演、设计师等。

到达终点 C 的人适合的职业：领导、律师、指挥等。

到达终点 D 的人适合的职业：医生、教师、歌手、记者、工人等。

到达终点 E 的人适合的职业：演员、司机、商人、基层管理人员等。

【测试评析】

这个测试只是增加学习的趣味性，不可做分析职业的依据。如果大家想测试自己的职业倾向，请用霍兰德职业兴趣测试表来做。霍兰德职业兴趣测试由美国著名职业指导专家霍兰德编制，测试题量比较大，主要用于确定被测试者的职业兴趣倾向，进而用于指导被测试者选择适合自身职业兴趣的专业发展方向和职业发展方向。霍兰德提出的 6 种基本职业类型为：实用型 R、研究型 I、艺术型 A、社会型 S、企业型 E、常规型 C。

行动建议

应聘登记表是在面试前要求应聘者填写的一种登记表，这类表格在填写时要做到字迹工整，准确翔实。对所有项目都要填写，不要有空格。如有“期望薪资”栏，可参照招聘单位基本工资待遇填写，不要很随意地写一个数字。最后要认真检查，签名后交表。

你对自己的基本资料了如指掌吗？你能完整地填写出来吗？请填写下面的应聘登记表。

应聘登记表

<table>
<tr><td>姓名</td><td></td><td>性别</td><td></td><td>出生
年月</td><td></td><td rowspan="3" colspan="2">照
片</td></tr>
<tr><td>政治面貌</td><td></td><td>婚姻
状况</td><td></td><td>民族</td><td></td></tr>
<tr><td>英语
等级</td><td></td><td>计算机
等级</td><td></td><td>户口
所在地</td><td></td></tr>
<tr><td>身份证号码</td><td></td><td>身高</td><td>cm</td><td>体重</td><td>kg</td><td>血型</td><td></td></tr>
<tr><td rowspan="5">学习经历（填写要求：从初中阶段，由高向低填写）</td><td>学历、学位</td><td>专业</td><td colspan="2">院校</td><td colspan="3">备注</td></tr>
<tr><td></td><td></td><td colspan="2"></td><td colspan="3"></td></tr>
<tr><td></td><td></td><td colspan="2"></td><td colspan="3"></td></tr>
<tr><td></td><td></td><td colspan="2"></td><td colspan="3"></td></tr>
<tr><td></td><td></td><td colspan="2"></td><td colspan="3"></td></tr>
<tr><td rowspan="5">家庭主要
成员情况</td><td>姓名</td><td>与本人关系</td><td colspan="4">工作或学习单位</td><td>职位名称</td></tr>
<tr><td></td><td></td><td colspan="4"></td><td></td></tr>
<tr><td></td><td></td><td colspan="4"></td><td></td></tr>
<tr><td></td><td></td><td colspan="4"></td><td></td></tr>
<tr><td></td><td></td><td colspan="4"></td><td></td></tr>
<tr><td>手机</td><td></td><td>固话</td><td></td><td>电子邮箱</td><td colspan="3"></td></tr>
<tr><td>社会实践
活动经历</td><td colspan="7"></td></tr>
<tr><td>实习经历</td><td colspan="7"></td></tr>
<tr><td>其他要说
明的问题</td><td colspan="7"></td></tr>
</table>

课后阅读

求职信

尊敬的领导：

您好！

首先请允许我向您致以真诚的问候和良好的祝愿！非常感谢您在百忙之中审阅我的求职材料。我是××职业技术学校计算机应用专业的毕业生，即将踏入社会。我渴望一个新的生活舞台，找到一个适合自己并值得为其奉献一切的工作单位。

我20××年出生于××省××市的一个水果之乡，一个充满温馨的家庭，父母让我从小养成刻苦耐劳、谦虚谨慎、热情待人、朴实诚恳的生活态度。在三年的中专生涯，我刻苦学习，力求上进，一直凭着“没有最好，只有更好”的准则认真学习，取得优异的成绩，奠定了坚实的计算机专业基础。我学过的课程有：Office 2000、AutoCAD、Internet、Photoshop、微机组装、网页制作等。我工作认真负责，是一个爱运动的男孩，常常喜欢在课余的时候去打打球，所以我拥有一个健康的体质。

在激烈的人才竞争中，虽然我只是一名中职生，没有大学生的知识渊博，但我有颗真挚的心和拼搏进取的精神，愿为贵单位贡献一份自己的力量。虽然我刚从中职学校毕业，没有实际的工作经验，但我相信像贵单位这样重能力、重水平、重开拓、有远见的单位，一定能把能力、水平与经验等同视之，给新人一个显身手的机会。希望贵单位能给我一个机会，我迫切希望早日成为贵单位的一员。

如我有幸成为贵单位的一员，将严格遵守单位的各项规章制度，发挥自己的聪明才智，开拓创新，创造业绩，以报答贵单位对我的信任！（另随信附上个人简历、证书复印件等）

祝贵单位事业蒸蒸日上！

此致

敬礼！

×××敬上

××××年×月×日

达·芬奇的求职信

达·芬奇生于佛罗伦萨的托斯卡纳小山镇，据说他绘制了人类历史上第一个降落伞、坦克和直升机的设计图，在制图学、植物学、天文学方面颇有造诣，同时还是世界公认的最伟大的画家之一。

但你知道吗？达·芬奇还是世界上第一份正式求职信的主人！那么，达·芬奇有什么求职秘诀吗？

艺术巨匠达·芬奇的求职信

1483年，30岁的达·芬奇在佛罗伦萨潜心学习绘画多年，但是无所成就，于是他决定：离开故乡，进城务工，到米兰找工作。他给自己的同龄人，同样30岁的米兰公爵斯福尔扎写了一封求职信：

“尊敬显贵的大公阁下：我是来自佛罗伦萨的作战机械发明者达·芬奇，希望可以成为阁下您的军事工程师。”

然后，他在信中罗列了他的十大技能，比如能设计建造轻便耐用的桥梁、攻城池的云梯、装有大炮的铁甲车等。

直到最后一段才写道：“另外，我也能画点画，并且还能铸造青铜马，它将彰显令尊和伟大的斯福尔扎家族的不朽荣誉。”

为什么一位后来广为人知的艺术巨匠，当时并没有把自己的艺术才能作为主要卖点，反而是放到最后呢？

求职秘诀：投其所好

要吸引一个靠武力征服和统治的米兰公爵，投其所好，把军事方面的东西写在前面可以理解。

第三节　面试技巧

学习目标

1. 了解面试过程的注意事项。
2. 掌握面试问题的回答技巧。
3. 培养健全人格。

职业角

案例

用人单位在面试过程中，通常会采取3～5人同时面试的方法，即同样的几个问题，面试者分别回答，如“介绍一下自己”“你为什么选择来我们公司?”“说说你的家庭情况”，等等，虽然是同样的问题，但面试者如何展现自己最好的一面，也存在一些技巧。这里举几个例子：

一工程安装公司来学校招聘一名电工，以下是面试对话：

考官：“请介绍一下自己专业之外的特长。”

A同学：“我的特长是打球，篮球、羽毛球我都喜欢。”

B 同学："我打字特别快，电脑操作较熟练。"

C 同学："我性格较内向，但我喜欢这个专业，平时爱钻研，动手能力比较强。我家庭较困难，从小就做许多家务活，能吃苦，独立能力也比较强。"

思考：你认为哪种回答更好？为什么？

点评：比较上述几种回答，C 同学更能引起面试官的注意，博得他的好感，因为该学生对应聘的岗位有所了解，能结合岗位要求来谈自己的特长，表现自然比别的同学更胜一筹。

就业小技巧

面试须注意的事项

面试是每个人找工作时都必须迈过的一道坎。如今，有不少人去求职的时候苦于不清楚面试时应该注意哪些问题，而不敢成行。面试一般是单独面对面试官，但如果同一个职位的应聘者众多，为了提高效率，单位会采用集体面试的方式。不管是哪种方式，应聘者都要注意以下几点。

一、准时到达

面试时迟到，不但会表现出求职者没有时间观念和责任感，更会令面试官觉得求职者对这份工作没有热忱，印象分自然大减。守时不但是美德，更是面试时必须做到的事。因此，应提前 5 至 10 分钟到达。如因有要事迟到或缺席，一定要尽早打电话解释，或预约另一个面试时间。另外，如果匆匆忙忙赶到，心情还未平静便要进行面试，自然表现也会大失水准。

二、检查着装仪容

来到应聘单位要再整理一下自己的着装。面试者不染发，不染指甲，不戴耳坠，不佩戴首饰，不嚼口香糖，男生不留长发、不留胡子。总之，要给人一个干练、利落的印象。

三、注重面试礼仪

（1）进入前要敲门或通报。

（2）主动打招呼。例如："您好！我是×××，今天来参加面试"。

（3）关掉手机或使手机处于静音状态。

（4）不要主动就座。在面试官没有叫你坐之前，请先站着说话。

（5）面带微笑。微笑是心灵的通行证。用你真诚的微笑去打动面试官的心。

（6）用眼睛交流。回答时，不要左顾右盼，在与面试官对视两三秒之后再慢慢将目光移到他的鼻子尖上，眼神不要游移不定，这样能显得你成熟且胸怀坦荡。

（7）多用礼貌用语。适时说“您好”“请”“谢谢”“辛苦了”等。

（8）致谢告别。面试结束，礼貌地说声“谢谢”。

四、回答自然大方

进入面试场不要紧张，要保持自信和自然的微笑。有些求职者十分害羞，不懂得把握机会表现自己，无论回答什么问题，答案往往只有一两句，甚至只回答“是、有、好、可以”等，这是不可取的。如果胆小害羞，应多加练习，以做到谈吐自如。相反，如果应聘者滔滔不绝、喋喋不休，也不合适，面试官最怕说个没完没了的应聘者。其实，回答问题最好是简单明了，切中要害。无论多复杂的问题，回答绝对不要超过三点，回答时间不要太长。

五、灵活巧妙应对

面试是推销自己的时机。面试的具体情况千差万别，要随机应变，以突出自己的长处为中心，对自己的缺点或不足作婉转回答。例如，对方问：“担任过班级干部吗？”如果没有就不宜直接回答“没有”，可以说：“虽然我没有担任过班级干部，但我参加了很多社会实践活动，如在××企业打过暑期工、参加过青年志愿者活动等，这些活动锻炼了我的组织能力和与人交往能力等。”

六、不当面问结果

面试结束后，不要当面问结果，完毕后，应该说句感谢的话。在未接到录用通知前都不可过分的得意或沮丧，而要及时总结得失，静待面试结果。以一个平常的心态，面对生活中的各种变化，才能达到成功的彼岸。

面试问题回答技巧

面试虽然是一个双向选择的过程，但求职者常常处于被动的位置，要变被动为主动，才能更好地“自我推销”。过程中，面试官会向应聘者发问，而应聘者的回答将成为面试官考虑是否接受他的重要依据。下面列举一些常见问题，逐个分析。

第一，请你介绍一下自己？

思路：面试官为了消除求职者的紧张心理，通常把它作为第一个问题提出。这是一个看似随意的提问，但回答时千万不可从你出生平铺直叙介绍到职业学校毕业。因为这些内容一翻简历就会清楚，考验你的概括能力和表达能力更重要。回答这个问题应把重点放在你的优势及主要成绩上。

建议：与个人简历保持一致；条理清晰，逻辑清楚；口语化简洁回答。

第二，你曾有过什么工作经历？

思路：这道题考验团队协作和解决问题的思维方式。尚未步入社会的学生可尽量列举所有打工或兼职的经历，甚至学校的义务劳动、其他团体的工作经验皆可适当补充。

建议：最好能具体谈一段印象最深的经历；具体说明工作的内容及时间段；自己在

当中所起的作用；取得的成果。

第三，你有哪些特长和爱好？

思路：业余爱好能在一定程度上反映求职者的性格、观念、心态。一个爱好广泛、多才多艺的求职者会受用人单位的青睐。

建议：不要说自己没有爱好；不要仅限于读书、听音乐，要结合面试的职位回答；回答最好具体，而不泛泛而谈，如运动，可直接讲踢足球。

第四，你的优点是什么？

思路：这个问题是想了解求职者如何客观分析自己，并测试求职者的表达与组织能力。

建议：用亲友的观点增加说服力；避免抽象的陈述；可讲具体的事例。

第五，你有哪些缺点？

思路：这是一个常常被问及并且较难回答的问题，往往谈优点多了，怕用人单位觉得你自傲；缺点说多了，更怕用人单位舍你而去。其实这些担心都是多余的。如实讲述自己的优缺点，并不会减少被录用的机会。假如你有致命的缺点，即使你不讲，用人单位也会了解。对你来说，回答问题时的态度比回答的内容更重要。

建议：诚实地挑自己性格或与应聘无关紧要的缺点说一下，并强调自己正努力地改进中。

第六，你对加班、出差怎么看？

思路：回答这个问题的主题是，我能够全力以赴地工作。

建议：现在还年轻、未恋爱、以工作为重等都可作为陈述的理由。

第七，你希望的待遇如何？

思路：面试前要对应聘的职位薪酬水平有所了解，按大概的市场价位去提。“依公司规定”可能被误认为缺乏自信而非谦虚。如果自己很优秀，需要提高待遇，可说明提高待遇的理由。如果企业给出的试用期待遇没有低于你的最低线就可以接受，毕竟先就业，再体现自我价值。

建议：以清楚明确答复最佳。

活动园

盘点你具备的知识技能

1. 在学校期间学习到的书本知识：公共课、专业课等。

____

____

2. 在学校承担工作、社会兼职或暑假打工中学到的，如文字编辑、市场调研等。

3. 从兴趣、爱好中学到的：如绘画、打羽毛球等。

4. 通过看视频、上网阅读等方式学到的：如图片处理等。

行动建议

在参加应聘面试时一般要求进行自我介绍，主要内容为姓名、出生年月日、毕业学校、毕业日期、专业、在校学习和培训的主要经历、个人特长与爱好、家庭主要成员、求职岗位及求职动机等。按照1～2分钟表述时间准备。

请写一份“自我介绍”。写好后，四人为一小组，在小组内进行自我介绍。注意，在进行自我介绍时一定要做到声音洪亮，目光平视对方。

自我介绍

课后阅读

93.8%的受访者在面试中踩过“坑”

社团招新、考研复试、毕业求职……面试已经成为选拔人才的重要方式之一。然而，很多年轻人在面试中并不能自如应对，没法发挥出正常水平。

中国青年报社社会调查中心联合问卷网对 1 336 名受访者进行的一项调查显示，93.8%的受访者在面试中踩过“坑”，其中，过度紧张和不够了解行业或企业，是受访者踩过比较多的两类“坑”。62.4%的受访者认为面试前应适度放松，调整好心情和状态。

“简历跟实际情况完全不一样很‘败’好感”

在北京从事市场调研的左悦敏，最近正在寻找新工作。她表示面试中过度紧张，是最令自己困扰的问题，“每次面试都非常紧张，表达结巴，上下文也不连贯。”左悦敏坦言，在过度紧张的状态下，往往没有办法很好地展现自己的能力，“有时大脑一片空白，长篇大论，但中心思想没有传达出来，会让人误解”。

在北京做互联网软件开发的王海兵，已经有 9 年的工作经验了。回想起毕业求职的经历，他表示由于技术知识更新快，如果不及时关注学习，很容易在面试中露怯。

调查显示，93.8%的受访者在面试中踩过“坑”。55.2%的受访者表示自己容易“过度紧张，说话结巴、没条理”，47.6%的受访者表示“不够了解行业/企业信息，回答不上来”。

在贵州从事互联网招聘工作的李加兴表示，简历过度“包装”让他十分反感，“简历跟实际情况完全不一样，很‘败’好感”。他还表示，迟到、仪容仪表不符合规范等也让人难以容忍，“一个人是否真诚往往从这些细节体现出来”。

另外，长篇大论，没有逻辑和重点（32.9%）；过度准备消耗精力，导致面试状态不佳（27.4%）；精准踩雷，忽视企业的招聘要求（27.2%）；口无遮拦，该说的不该说的都说了（26.2%）；过度美化简历，在面试中被戳穿（24.0%）等也是受访者在面试中踩过的“坑”。

用放松和自信的状态迎接面试

尽管在面试中经常紧张，但左悦敏仍觉得面试可以在一定程度上衡量一个人的能力素质，“面试更多体现的是沟通表达能力，以及面对他人时自信的状态”。

来自重庆的黄玲玲（化名）认为，对于求职者和面试官来说，都可以在面试中比较真实地了解对方的情况。“求职者在面试时可以感受到工作环境好不好。”

调查显示，59.7%的受访者认为面试作为选拔人才的一种方式，能衡量一个人的能力素质。逻辑思路（64.9%）和沟通表达（63.6%）是受访者认为面试中比较重要的方面，然后是谈吐规范（59.8%）、专业知识（56.2%）、仪容仪表（49.9%），其他还有：简历包装（36.8%）、方法技巧（35.5%）、真实真诚（33.6%）和自信自尊（28.3%）等。

黄玲玲感觉，沟通能力在面试中比较重要，如果求职者使用了一定的沟通技巧，面试成功率会高一点，“专业知识扎实，但沟通表达不到位，有可能面试结果不理想”。

李加兴表示，从招聘方的角度来看，真实真诚是求职者最重要的方面，“在面试中越真诚，可能在日后的工作中越踏实沉稳，特别是在与客户沟通方面，真诚很重要”。

也曾担任过面试官的王海兵表示，专业知识是他在面试时最看重的，这直接决定着求职者能否胜任工作。

左悦敏觉得，用放松和自信的状态迎接面试更容易获得面试官的青睐，“越自信，表达就越清晰，面试官对你的印象会更好，但也不能自负”。

用更好的状态迎接面试，62.4%的受访者建议适度放松，调整好心情和状态，59.1%的受访者表示应了解行业/企业信息，做好充分准备。其他还有：学习面试技巧，学会合理回答问题（54.0%）；提前演练，针对突发情况做好预案（50.6%）；重视知识积累，提升专业素质（46.9%）；完善简历，凸显个人能力（46.3%）；保持自信，注意个人形象（44.9%）等。

李加兴建议，应届毕业生在求职中应对未来工作保持一种“期待感”，做好职业规划，坚守诚信底线，在面试中用真诚打动面试官。从长期来看，也要在学校中注重实践积累，锻炼自己的工作能力。

资料来源：吴欣宇 .93.8%的受访者在面试中踩过“坑”[N]. 中国青年报，2023-05-11.

“直播带岗”，求职开了云通道

深圳大学管理学院2020级学生宋方虽然暑假没能回湖南老家，但心里感觉非常踏实。因为她在学校推荐下进入了位于深圳南山区的深信服科技股份有限公司实习。

“能在大二就进入这样的大企业实习，机会相当难得。三个月的实习期，可以让我熟悉企业、增长本领。我相信，这会让我提前进入状态，对未来求职非常有帮助。”宋方开心地说。

宋方告诉记者，为了学以致用，身边很多同学刚进大学就开始关注就业信息，她在大二下学期才关注“深大就业”公众号，“已经算是‘后来者’了”。5月18日晚，她看到公众号上发文预告，说19日晚7点有一场学校组织的企业直播招聘，第二天晚上，她便抱着试一试的心态进了直播间。

“之前看到的招聘信息，大多是图片和文字，需要自己去阅读、去研究。看直播更形象，印象更深刻。”2002年出生的宋方坦言，与千篇一律的招聘信息相比，直播招聘确实让她眼前一亮。除了深信服科技股份有限公司的相关主管介绍了企业及岗位情况，还有一位已经入职的深大毕业生也参加了直播，介绍自己的求职经历，解答同学们关心的很多问题。听了分享，宋方下定决心：投简历，申请实习！

“看到‘直播带货’那么火，我们就想到将‘直播’元素植入促就业工作，尝试‘直播带岗’。学校派出学生直播团队进企业，直播企业的工作场景、生活环境，学生可与企业人资部门负责人在线互动，在直播间提交简历。这一创新方式打破了常规线上招聘的对接壁垒，足不出户便可‘身临其境’地走入企业、完成互选，企业选聘人才的效率也提高了。”深圳大学学生部部长陈云飞告诉记者，学校还打造了学生专属的网络面试空间，帮助学生顺利求职。

虽然这次直播活动开展得晚了一些，大多数深大毕业生已经拿到了录用通知书，但能够吸引在校生前来实习，对学生来说是一次求职演练，对公司来说则是重要的人才储备，深信服科技股份有限公司深圳地区校招负责人梁楚瑜对直播效果很满意。“同学们在此前对深信服不太了解，今后我们会尝试开展更多的直播招聘活动，主动去接触大学生。”

不仅深圳大学在尝试“直播带岗”这样的线上招聘新模式，深圳的诸多企业也在积极开拓线上互动途经。

梁楚瑜介绍，深信服2023届校招岗位涵盖研发类、市场类、技术服务类、安全服务类等7个大类，还针对低年级同学搭建了一个线上求职知识社区，通过“信服圈儿”公众号，同学们可以学习到线上专业课程、往年校招真题、大咖直播公开课、师兄师姐职场大爆料等。

“我们在公众号和B站推出‘何时求职’‘如何求职’等节目，为毕业生提供就业辅导，还搭建线上内容平台 T-learning 校招培养专区，精选公司内部专家课程向求职者开放。”腾讯校园招聘负责人蔡治华告诉记者。

陈云飞坦言，很多企业的做法，对学校不乏启发意义：“要聚焦学生不同阶段的求职问题，帮助他们做好充足准备。针对低年级学生，侧重岗位启蒙、基础知识、思维表达等类型课程；针对大三、大四学生及研究生，聚焦技能应用、求职辅导类课程；针对初入职场人群，提供职场融入类、岗前培训类辅导。”

“人才是第一资源。我们希望通过各种线上线下互动，和学校携起手，助力更多大学生求职成功。”蔡治华说。

资料来源：严圣禾，党文婷．“直播带岗”，求职开了云通道［N］．光明日报，2022-08-29.

第四节　模拟面试

学习目标

1. 通过情境模拟，体验面试的过程，增强自信。
2. 了解自信对自身发展的作用。
3. 增强民族自信。

职业角

案例一

某婚纱摄影公司来学校招聘。事后就业指导老师与招聘人员交流面试情况，对方提到学校计算机专业一男生，面试时穿一条牛仔裤，裤子有几个洞眼，带若干个口袋，面试时头发斜着耷拉下来，遮住半只眼，说话时腿还不住地摇晃。面试官说：这样的学生我们怎么敢要？

点评：面试时着装、谈吐决定着主考官对你的判断，学生面试时常见的问题有：进去不与考官打招呼直接坐下；不敢用眼睛正视考官，说话时眼睛到处瞟；面试过程中手揣在口袋里、跷着二郎腿；站立或坐着时身体不停地摇晃；部分女生打扮得过于花哨、不符合学生气质，等等。简洁精神的着装、自信大方的谈吐，是成功通往职业之路的敲门砖。

案例二

某公司招聘外贸跟单员，对学生的英语水平有一定的要求，人事主管对每一位面试学生都会问同一个问题："你的英语水平怎么样?" 面试的学生大多含糊其词："不怎么好""学过几年""还可以吧"，表现得很不自信。考官随意问同学几句："Where are you from?""What do you like?" 学生结结巴巴，或是干脆开不了口。其实这些也仅限于简单的日常交际用语，对于大部分学生来说，应该没什么问题，但是为什么会出现这种局面呢?

点评：出现上述情况，一是由于面试时学生心里紧张；二是学生们平时没有养成开口说英语的习惯，面对考官不好意思；三是学生英语水平两极分化很严重，有些学生确实是不能开口，对英语"一窍不通"。对于中职学生，学习英语是非常必要的，外资企业、商务酒店、旅游、销售等行业都会用到它。如果我们能做到每天说一句英语，三年下来，也是一个不小的收获。想想今后在外资企业上班时，你能用外语与同事或顾客进行简单的口语交际，不是一件开心的事情吗？能开口说英语对你的职业层次提升也一定会有不小的帮助。

就业小技巧

"纸上得来终觉浅，绝知此事要躬行。"关于面试的知识讲得再多，脱离实践，永远只是纸上谈兵。本节我们通过情境模拟来让同学们"身临其境"，体验面试、体验成功。只有亲身经历，你才能发现问题，将知识真正转变成自己的东西。

情境模拟，是根据对象可能担任的职务，编制一套与该职务实际情况相似的测试项目，将被测试者安排在模拟的工作情境中处理可能出现的各种问题，用多种方法来测评其心理素质、潜在能力的一系列方法。

人之所以害怕，是因为不了解。同学们要克服对面试的胆怯、恐惧心理，就要深入去了解它，通过模拟活动了解面试过程，通过角色扮演了解面试官提问的目的，通过回答问题了解自己的不足。

活动园

模拟面试

角色：小组同学 2～3 人组合，轮流扮演面试官、应聘者。

活动准备：双方都要做充分的资料准备。

活动流程：

(从敲门到最后告别)

1. 每人限时 2 分钟的自我介绍。
2. 15 分钟面试官提问。
3. 面试官打分。
4. 公布结果。

活动总结：

1. 面试官点评。
2. 最高分同学发言谈感受。

模拟笔试

找有关企业、往届毕业生搜集应聘笔试题，组织同学试答。

笔试和面试并不是截然分开的。有时，企业在笔试的同时就进行了面试。

课后阅读

在求职中学会与“不确定性”相处

又到一年毕业季，欢迎你们来到“现实大学”。想必你们已打包好这几年的校园时光，里面应该塞满了对未来的想象，紧张、忐忑又有些兴奋地走进这里的“第一课”——就业。

打开相关新闻，里面的一组组最新数据、一个个或宏大或细微的叙事，似乎都在告诉大家，就业如今并非是一件容易的事，但各方都在努力。家有毕业生，看完类似的无数信息后没能得到多少安慰，心中的焦虑之火往往烧得更旺，毕竟媒体上的美好愿景和具体的个体之间有很大的差距，而现实中的压力倒是实打实的，如一名毕业生所说，“这些还是得自己去面对”。

的确，对于大多数毕业生而言，求职更多时候是一个人的角力场。撕掉了学生的标签，摆脱了依赖心态，是时候拿出所学的十八般武艺去拼一拼！

在这一过程中，焦虑在所难免。投出的简历石沉大海，面试屡屡碰壁，等待面试结果时的忐忑和煎熬，面试失败后的挫败感、自责与追悔莫及……这些都是必修的课程。其间，迷茫也会时不时拍打着自己。“不知道自己能干什么，不知道自己想做什么”“在就业市场上仿佛只能等待着被挑选，等待一个不确定的未来”……在求职过程中，毕业生这样的困惑并不少见。

首先要明白，这都是正常的情绪，可以看作种种“不确定性”在大脑里翻起的浪。作为一个年纪渐长的“过来人”，我意识到，如何去应对这些情绪，尤其是面对不确定性，不仅是毕业求职时，也是在这所“现实大学”中可能要持久面对的课题。

有人会深陷其中，反复精神内耗；有人干脆“躺平”逃避，躲在自己的“舒适区”。但与其与这些情绪对抗，不如去坦然接纳，任它们穿过自己的躯体，一如水流经石头、风拂过草尖，看清它们的轨迹，它们逐渐会消失。这是我在锻炼时所学的“精神胜利法”——当肌肉开始酸痛，不要对抗，不要排斥，而是认真、反复感受这是一种什么样的感觉，慢慢会发现这酸痛原来也不过如此，很快就会消失。

待情绪平复，最重要的是行动起来。“用行动驱散不确定性带来的不安。”这是前不久，一个萍水相逢的“新手”网约车司机所说。今年 34 岁的他之前有一份稳定、清闲的工作，干久了觉得没意思就辞职了，折腾过的副业也都黄了。尽管不缺钱花，但他在家躺了一个多月也无法彻底“躺平”，不知道去干什么，便开始开网约车，虽然“再就业”这 4 天里只挣回了成本，但他说“工作起来心里踏实”。

他的自述不知真假，但道理是有几分。走出校园，走向职场，站在交叉路口，若前方迷雾重重，不知要去哪里，不如先做自己能做的，勇敢踏出“第一步”。哪怕第一份工作不如己意，但这至少是一个开端，一个寻找方向、重新定位自我的开始。把自己投入职场这口“大锅”，油烹水煮又火烧，其中滋味有时会煎熬得很，但亲身经历过后，你或许会明白哪些方向更适合自己，以及自己究竟更想要什么。

稻盛和夫认为，工作本身也是一种修行。它不仅仅是养活自己的饭碗，更关乎我们在流动的世界里如何认识自我、如何实现自我，是一种无人可替代的成长历程。找工作的过程也同理：其间，我们会不断面临新的、各种各样的不确定性，但当你开始坚定地向前迈出一步，未来就多了一分确定性。

资料来源：孙庆玲．在求职中学会与“不确定性”相处［N］．中国青年报，2023-06-13（4）．

第二篇

就业进行时

第四章 职场心理调节

中职学生刚刚步入职场，对自我认知和情绪调节，因人而异。通过本章的学习，帮助学生认识自己，分清自己的优势和劣势；学会克服不良心理，做情绪的主人。

建议教师在指导学生学习本章时，采取案例分析、小测试与自我认识相结合的方式进行。

第一节　正确认识自己

学习目标

1. 学会正确看待自己。
2. 消除自卑、自负心理，培养自信心。
3. 正确认识自己，培养健全人格。

职业角

案例一

毕业生小刘学习成绩和其他方面条件都不错，在就业的初期满怀信心。但由于专业冷门等原因，找过几家单位都碰了壁，结果产生了自卑感，在后来的择业过程中表现越来越差，陷入恶性循环而不能自拔，以至于到了新的招聘单位，只能被动地问“学××专业的要不要”，其他什么话都不敢讲，最终也没有找到合适的单位。

点评：小刘的失败是由于自卑心理在作怪。在择业遭受挫折后，一蹶不振，对自己评价过低，丧失了自信心，择业时缺乏主动争取和利用机遇的心理准备，不敢主动、大胆地与用人单位交谈，也就不能很好地展现自己的能力。越是躲躲闪闪、胆小、畏缩，越不容易获得用人单位的好感。这种心理严重妨碍了一部分毕业生正常的就业竞争，使得那些原本在某些方面比较出色的毕业生也陷入“不战自败”的困境。

案例二

小罗口才不错，面试时与用人单位代表侃侃而谈，自信大方。整个过程他自我感觉良好，觉得这份工作胜券在握。一番高谈阔论以后，当对方问他的兴趣爱好是什么时，他竟得意扬扬地宣称是“游山玩水”。结果面试结束后，用人单位就再也没有联系他了。

点评：小罗的失败是典型的自负心理造成的，过高地估计了个人的能力，从而失去自知之明。不少毕业生在求职择业过程中，自以为是，自负自傲，夸夸其谈，胡吹海侃，结果留给用人单位的是浮躁、不踏实的印象。试想，有哪家用人单位肯要一个不知天高地厚、自命不凡、眼高手低的毕业生呢？

就业小技巧

全面认识自己

“金无足赤，人无完人”。我们每个人都有缺点和不足，但同时也都有闪光点和长处。所以，我们要全面地认识自己，扬长补短。

首先，我们要学会用欣赏的目光来看自己，关注自己的优点和长处，这会帮助你增强自信心，迎接生活的挑战。同时我们也要看到自己的缺点和不足，警醒自己，不断地提升自己，完善自己。但是如果我们只看到自己的优点，看不到自己的不足，用自己的长处比别人的短处，我们就会沾沾自喜、骄傲自大。同样，如果只看到自己的缺点、不足，将会悲观失望、失去信心。因此，为了全面认识自己，我们首先要做到，既要看到自己的优点和长处，又要看到自己的缺点和不足。

其次，事物是运动的，我们也是在不断发展变化的。俗话说“士别三日，当刮目相看”，我们的优点和缺点也并非一成不变。因此，我们必须要学会用发展的眼光看自己，及时发现自己新的优点和新的缺点，通过努力，争取变缺点为优点，不断改正自己的缺点来完善和提高自己。

怎样认识自己

苏轼写道：“不识庐山真面目，只缘身在此山中。”认识自己并非是一件容易的事情，我们要如何清晰地认识自己呢？

（1）自我评价。子曰“吾日三省吾身”。认识自己，要求我们做一个有心人，反省自己在日常生活中的点滴表现，从多方面综合总结自己是一个怎样的人。具体可以通过下面两条途径：

第一，观察自己做事的成败。一般来说，社会往往通过一个人取得的成就和社会效果来衡量他的价值，虽说不以成败论英雄，但成功总是让人喜悦，失败总是让人痛苦。我们通过分析自己做事成败的原因，与他人做事成败的情况进行比较，思考一下，同样的事，别人成功的原因和经验是什么，自己在哪些地方需要调整。我们要善于从失败中吸取教训，获得人生的经验，调整策略，追求成功，迎接挑战。

第二，观察自己与别人的不同之处。在学校里，我们可与同学比较，综合考虑多方面的因素，通过比较认识自己的长处和不足，认清自己在所在人群中所处的位置。

(2) 他人评价。常言道，当局者迷，旁观者清。他人对你的评价，也可以反映出你的形象。周围的人对我们的态度和评价能帮助我们认识自己、了解自己。我们要尊重他人的态度与评价，冷静地分析，既不能盲从，也不能忽视。

活动园

认识自己

用 5 分钟的时间，在“认识自己”活动单上写下以“我”开头的 20 个词句，这些词句是你头脑中浮现的关于“我”的任何联想内容，如兴趣、性格、能力、职业价值取向、学习状况、行为习惯等。

“认识我是谁”活动单

1. 我______________________________

2. 我______________________________

3. 我______________________________

4. 我______________________________

5. 我______________________________

6. 我______________________________

7. 我______________________________

8. 我______________________________

9. 我______________________________

10. 我______________________________

11. 我________________

12. 我________________

13. 我________________

14. 我________________

15. 我________________

16. 我________________

17. 我________________

18. 我________________

19. 我________________

20. 我________________

将重要的和不重要的分开，把重要的按重要程度排列顺序标号。

____

分组讨论：

1. 你是怎样的人？是什么使你成为这样的一个人？

2. 请大家谈谈你所列出的20个“我”，以前是否意识到？问一下小组同学对你的看法，比较二者有何异同。

3. 你是否接纳自己列出的20个“我”？为什么？你打算怎样完善自己？

测测自我效能感

自我效能感是指个体对自己面对环境中的挑战能否采取适应性的行为的知觉或信念。一个相信自己能处理好各种事情的人，在生活中会更积极、更主动。这种“能做什么”的认知反映了一种个体对环境的控制感。因此自我效能感是以自信的态度看待个体处理生活中各种压力的能力。

请仔细阅读下面的一些描述，每个描述后有四个选项，请根据真实情况，在最符合你情况的一项上打√。

	完全符合	多数符合	尚算符合	完全不符合
1. 如果我尽力去做的话，我总是能够解决新问题。	□	□	□	□

2. 即使别人反对我，我仍有办法取得我所要的。	□	□	□	□
3. 对我来说，坚持理想和达成目标是不困难的。	□	□	□	□
4. 我自信能有效地应付任何突如其来的事情。	□	□	□	□
5. 以我的才智，我定能应付意料之外的情况。	□	□	□	□
6. 如果我付出必要的努力，我一定能解决大多数的难题。	□	□	□	□
7. 我能冷静地面对困难，因为我信赖自己处理问题的能力。	□	□	□	□
8. 面对一个难题时，我通常能找到几个解决方法。	□	□	□	□
9. 有麻烦的时候，我通常能想到一些应对的方法。	□	□	□	□
10. 无论什么事在我身上发生，我都能应付自如。	□	□	□	□

请对照下面的评分方法，计算出你的得分为________。

【评分方法】

“完全符合”计 4 分；“多数符合”计 3 分；“尚算符合”计 2 分；“完全不符合”计 1 分。

【结果分析】

分数越高说明自信心越高。

1～10 分：说明你的自信心很低，甚至有点自卑。建议经常鼓励自己，相信自己是行的，正确地对待自己的优点和缺点，学会欣赏自己。

10～20 分：说明你的自信心偏低，有时候会感到信心不足，找出自己的优点，承认它们，欣赏自己。

20～30 分：说明你的自信心较高，要积极发挥自己的优点，并注意扬长避短。

30～40 分：说明你的自信心非常高，但要注意正确看待自己的缺点。

自信不倒翁

人生就像一次遥远的航行，不可能任何事都一帆风顺，每个人多少都曾受到过一些打击：如遇到难题、考试失利、被朋友误会、与恋人分手……你是否也能像“不倒翁”一样坚持不倒呢？

准备：课前要求每个小组制作一个面带微笑的“不倒翁”。

步骤一：将全班同学分组，10 人左右为一组，围坐，“不倒翁”放在小组中间的桌子上；每个人轮流从各个角度打“不倒翁”，击打之后说：“我不倒，因为我________。”轮流击打完毕之后，小组讨论哪些是使“不倒翁”能够“不倒”的“信心法宝”。

步骤二：总结本小组的观点，全班分享观点。

步骤三：教师进行总结，哪些因素可以帮助自己建立并巩固自信。

【活动目的】

学会建立与巩固自信的方法。

行动建议

看看他人眼中的我

1. 全班同学分组，每 4 人一小组。

2. 每人一张纸，按照老师所提的要求，写出你们小组其他成员的优点。

（1）内容主要包括以下几个方面：性格；行为风格；才艺；人品；你最欣赏他/她的地方。

（2）结尾不署自己的名字。

3. 每组同学把写给其他同学的优点发给他本人。

4. 分享结果：

（1）每组选出两位同学公布其他同学对你的评价。

（2）同学对你的评价和你自己的感觉一致吗？一致点在哪些方面？不同点在哪些方面？为什么？

5. 盘点收获：请把今天你对自己和同学对你的认识及感想填入下表中。

	优点
自我认识	
他人认识	
我的新发现	
我的收获和感想	

最后，请写下一句鼓励自己的话，祝福自己。

课后阅读

傅雷——地板上的尊严

一位父亲很早就去世的男孩，与母亲过着清贫的日子。

有一年暑假，他与小镇上的一位同学相伴去同学的爷爷家玩。同学的爷爷是一位退伍军官，他住在一座独院的两层小洋房内。小男孩被眼前的景象惊呆了，一直住在破旧屋子里的他哪里见过这样栽着花、种着树的院子和被粉刷得漂漂亮亮的房子啊！

特别是当同学的爷爷和蔼地叫他脱鞋进屋时，他扭捏了半天，也不好意思进去，因为那光滑的木质地板比他睡的床看上去都好。最后，他在屋子里坐着，挪都不挪一步，生怕把那地板踩坏了似的。

后来小男孩一个人回家了。他是哭着回来的，怎么别人家脚踩的地方都远远胜过自己睡觉的地方？他向母亲哭诉着自己的感想。母亲听完孩子的哭诉后，为孩子擦干眼泪，平静地说："孩子，我们不必羡慕别人家漂亮的地板，再漂亮的地板也是被人踩的，只要我们好好地活着，不自卑地活着，有尊严地活着，任何漂亮的地板我们都可以把它踩在脚下。"

那男孩擦擦眼睛，似懂非懂地点了点头。

后来，那男孩读中学了，他随母亲一起从乡下搬进了小镇里。几年后，历经坎坷，他又随母亲来到上海。昔日的小男孩已长成了小伙子，他走过的地板越来越漂亮，但他时刻没有忘记母亲的话。虽然他依旧贫穷，虽然他见过许许多多漂亮的地板，但他从来没有自卑过、难受过，那些"漂亮"的地板上，只留下他那昂首前行的脚印。而那些脚印，足可让后世敬仰，因为那孩子成了大翻译家——傅雷。

的确，生活中有许许多多"漂亮的地板"困扰着我们，我们也常会因为它们的得失而或喜或悲。但不管怎样，我们都不应忘记自己的尊严，因为尊严是一种极高的精神境界，它能给人以雄心和自信。

在生活中，哪怕一切都已失去，但只要有尊严，那便会有希望；只要拥有尊严，再"漂亮的地板"，我们都可以昂然地把它踩在脚下。

资料来源：明飞龙．傅雷：地板上的尊严［J］．小读者，2005（6）．

让人生增值的诀窍

有一个很经典的故事，一只小兔子被送进了动物学校，它最喜欢的是跑步课，并且总是得第一名；它最不喜欢的是游泳课，一上游泳课就十分头痛。但兔爸爸和兔妈妈要求小兔子什么都学，不允许它有所放弃。小兔子只好每天垂头丧气地到学校上学，老师问它是不是在为游泳太差而烦恼，小兔子点点头，渴望得到老师的帮助。老师说，其实这个问题很好解决，你的跑步是强项，但是游泳是弱项，这样好了，你以后不用上游泳课了，可以专心练习跑步……

小兔子不是游泳的料，再刻苦可能也不会成为游泳能手；相反，如果训练得法，它也许会成为跑步冠军。可现实生活中我们却很难对自己有一个准确的把握。比如，你该用怎样的方法知道自己到底是兔子还是鸭子？到底什么才是你的优势？

有三种方法可以让你知道你到底是谁。

第一，当你看到别人做某件事时，你心里是否会有一种痒痒的召唤感："我也想做这件事""我做得比他要好"。当你完成一件事时，你是否会有一种满足感或欣慰感，你在做某类事情时非常顺利。无师自通，这是一个重要的信号。当你做某类事情时，不是一步一步去做，而是行云流水般地一气呵成，这也是一个信号。

在得到这样的信号之后，你会发现首先你对这件事十分感兴趣，其次你在这个方面有难得的天赋。那么对你来说，此时最好的方法就是让自己全身心地投入，如果不出意外，你应该可以在这件事上取得不错的成绩。

第二，很多人会发现自己在做许多事情时需要学习，需要不断地去修炼和演练，而在做另外一些事情时，却几乎是自发的，不用想就本能地去完成这些事情。这也是你的一个优势。

自发地去做总是发自内心的事，此时这件事对你也就有着非凡的意义。只要你稍加努力，就会发挥特长，找到改变命运的大笔财富。

第三，还有一种了解"你是谁"的更为简单的方式就是向专业公司咨询和寻求帮助。如果你用前两种方法仍然没有找到自己的优势所在，那么就需要请专业人士为你指点迷津了。因为寻找到一生中属于自己的优势和理想，是十分难得也是格外重要的事情，如果你本来没有某种优势，却一再坚持和不放弃，希望将你的弱势变成优势，这是可悲的，因为这几乎是不可能的，而且代价也是巨大的。

人生增值的诀窍就是发现自己的优势，经营自己的长处。这是因为经营长处能给你的人生增值，经营短处会使你的人生贬值，富兰克林说的"宝贝放错了地方便是废物"就是这个意思。

如果你仍旧固守着一份略显吃力又非兴趣所在的事情，那你就要考虑是否该重新选择，因为有声有色的人生需要你自己去寻找与争取。

资料来源：章睿齐．让人生增值的诀窍 [J]. 中学生百科，2004 (7).

第二节　做情绪的主人

学习目标

1. 了解心理压力。
2. 掌握缓解压力的有效方法。
3. 保持乐观、开朗的心境，培养健全人格。

职业角

案例

丽丽去医院看病，向医生讲述了自己的经历：我从小特别要强，这是我的第一份工作，由于是新环境，刚开始感觉不适应，但通过自己的努力逐渐克服了困难，我想我一定要在公司脱颖而出，做出成绩，成为公司的骨干。在和我同时进来的几个同事中，我的表现最好，领导也将我作为重点培养对象。但是，一个月前，我们组和客户谈生意，一个各方面都不如我的同事居然赢得了客户的选择。我觉得我什么都比她强，为什么客户选她而不选我？这笔生意应该是我的。其他同事背后也在议论，我不想让别人觉得我水平不如她，就加倍努力地工作。可是渐渐地，我开始消化不良，吃药都没用。最难受的是积食，晚上打嗝。我感觉压力大，晚上睡觉时总是翻来覆去地睡不着。这影响了我的正常生活，让我很困扰。

点评：很多城市中的新生打工族，因抗压能力较弱，工作后，理想与现实的巨大差距让他们难以适从。他们会觉得怀才不遇，受到了不公正待遇，逐渐对工作和生活丧失兴趣，产生厌世感。加上人际关系等方面的影响，一些人还会出现抑郁、焦虑等心理问题。

就业小技巧

认识心理压力

世界上不存在没有压力的环境。心理学研究表明，适度的压力能激发我们内在的潜能和动力，促进个人成长，提高自我意识。但长时间过强的压力，会给人们的身心健康带来很大的负面影响，甚至引发生理、心理方面的疾病。

心理压力产生的原因是复杂的，总的来说可以归为四类：事件、挫折、心理冲突、不合理的认知。外在的挫折经历加上内心的挫折情感体验，是导致产生心理压力的重要原因。每个人在面对即将要进入的职场环境时，压力就开始产生。上岗后，超负荷工作、人际关系处理、胜任岗位职责等都会产生一定的心理压力。尽快走出压力的困扰，保持乐观、开朗的心境十分重要。

学会缓解压力

学会缓解压力是当我们面对陌生职场环境和繁忙的工作时必须具备的一项能力。下面这些方法不妨试一试。

一、积极面对压力

压力本身对人体来说属于一种促进机制。当我们处于压力的状态下，我们的大脑会通知身体产生各种与压力相关的荷尔蒙和化学物质，其中一种荷尔蒙就是肾上腺素。肾上腺素会调动我们自身的积极性去应对所面临的问题，从而提高解决问题的能力和效率，这种心理压力是积极的。如果没有压力，生活如同死水，人会变得懒散，不会去主动做事，也永远不知道自己原来蕴含着巨大的潜能。所以大家不需要谈“压力”色变。

二、远离虚荣

生活中，许多压力是虚荣带来的。名牌时装、豪华的小汽车、漂亮的大房子……我们有许多想得到但目前还没有能力获得的东西，脚踏实地去争取是积极的态度，但如果用虚假的方式来制造自己的完美，那就是扭曲的心态。莫泊桑小说《项链》里的主人公玛蒂尔德就是被虚荣心折磨的典型。我们应该坦诚自己的优势和缺憾，实事求是地对待自己的优点与缺点，客观看待眼前的名利，树立远大的志向和理想。正如习近平总书记在纪念五四运动100周年大会上的讲话中所说：“青年志存高远，就能激发奋进潜力，青春岁月就不会像无舵之舟漂泊不定。”只有把个人的理想和祖国、民族、人民的命运相结合，才能使自己真正走向成功。

三、有计划地循序渐进

我们在确定理想或者工作目标的时候要循序渐进，一步一个脚印。俗话说“一口吃不成一个胖子”，工作是需要时间完成的，成绩是需要逐步积累的，超出自己能力承受范围的工作量无疑会成为沉重的包袱，造成心理压力过大。凡事制订好计划，一步一步地去完成，我们终将取得成功。

四、理性思考，控制情绪

我们面对挫折或复杂的人际关系时，要以理性认识来控制个人情绪。当忍不住要发怒的时候给自己一分钟时间，冷静思考：发怒是否合理？发怒的后果是什么？有没有其他适当的解决办法？如此“三思”过后，情绪会趋于平静，减少因发怒而带来的心理压力。

五、学会自我放松

如果面对长期且持续的压力，我们要学会喊“停”。过度繁重的劳动会让人身心都感到疲劳，学习和工作效率低下，进而产生焦虑。让自己好好放松，可以缓解生理和心理的双重疲劳，缓解紧张的心情，减轻心中的压力，毕竟工作不是生活的全部。大睡一觉、看场电影、听听音乐、打球、跑步或进行其他娱乐活动，只要是自己喜欢的活动，都可以分散对压力的专注程度，缓解紧张的情绪。

活动园

心理抗压能力测试

认真回答下列各题，你将知道自己心理抗压能力的程度。

1. 你是否有一个温暖和睦的家庭？

A. 是　　B. 否

2. 你的兴趣是否广泛？

A. 是　　B. 否

3. 你是否有几个亲朋好友经常在一起会面叙谈？

A. 是　　B. 否

4. 你的体重是否在“理想体重”上下 2.5 千克以内？

A. 是　　B. 否

5. 你每周能否参加三次以上某种形式的彻底放松的活动？

A. 是　　B. 否

6. 你每周内是否从事 30 分钟以上的体育活动？

A. 否　　B. 活动一次　　C. 活动二次　　D. 活动三次

7. 你每周至少有一次从有益健康、营养平衡出发而设计的膳食吗？

A. 是　　B. 否

8. 一周内是否有过使你确实感到高兴的事？

A. 否　　B. 一次　　C. 二次　　D. 三次

9. 在家里，是否有一个使你感到舒适放松，或可以静处的环境？

A. 是　　B. 否

10. 在日常生活中，你是否能掌握合理安排时间的技巧？

A. 是　　B. 否

11. 你是否每天抽烟？

A. 否　　B. 抽一包　　C. 抽二包　　D. 抽三包

12. 你是否用药物或酒类帮助你入睡？

A. 否　　B. 每周一次　　C. 每周二次　　D. 每周三次

13. 白天，你是否用药或酒类减轻你的焦虑或使你镇静？

A. 否　　B. 每周一次　　C. 每周二次　　D. 每周三次

14. 你是否有将办公室内的工作带回家晚上做的习惯？

A. 否　　B. 每周一次　　C. 每周二次　　D. 每周三次

请对照下面的评分方法，计算出你的得分为________。

【评分方法】

选项＼题号	1	2	3	4	5	6	7	8	9	10	11	12	13	14
A	0	10	10	15	14	0	5	0	10	10	0	0	0	0
B	0	0	0	0	0	5	0	5	0	0	10	−5	−5	−5
C						10		10			0	−10	−10	−10
D						15		15			0	−15	−15	−5

【结果分析】

50 分以下：说明你对付心理压力的能力很差。建议去做一次心理咨询。

50～70 分：说明你对付心理压力的能力一般，也就是说，通常情况下能够对付。

115 分以上：说明你对付心理压力的能力相当强，心理素质也很好。

寻找情绪处理的方法

缓解压力，释放不良情绪的方法有很多。害人害己的表达方式是不能用的。对人对己都无害的可以采用。不仅无害，而且有益，是最好的，应该多用。

1. 请对下面给出的处理不良情绪的方法作出评价。

找朋友倾诉__________；出门旅行__________；运动__________；

一个人待着__________；喝酒、抽烟__________；读书__________；

整天无所事事，到处游荡__________；绝食__________；打游戏__________；

攻击和伤害周围的人，让他们感到莫名其妙__________；

打电话骚扰骂人__________；用音乐、舞蹈、书法等表达自己__________。

2. 我们提倡采用有益无害的情绪处理方法，现在请尽力再想想，还有更多适合情绪处理的方法吗？

（1）______________________________

（2）______________________________

（3）______________________________

（4）______________________________

（5）______________________________

行动建议

抛掉烦恼

活动道具：便笺纸，每人一支笔。

活动规则：六人为一个小组，围成一个圈，每人把自己的烦恼、困惑写在一张纸上，揉成一团抛在圈中，把烦恼抛掉。接着每个人依次从圈中抽出一个纸团，念出纸上写的内容，让全组人一起帮助他寻找解决方法。

正念减压——简单的觉知练习

一、身体扫描练习

每天一次（15～20 分钟），每次做完以后进行记录：感受、情绪、感知（五感）、想法。这个方法是学习带着正念关照身体，深化我们照见自己的心如何做出反应的能力。身体是敏锐的情绪雷达，因此要细致地关照到发出讯息的身体各个部位。

二、具体方法

躺下或坐着，让身体处在最为放松自在的环境里，先从注意呼吸开始安静身心，将注意力集中在鼻尖，留意吸入时身体因呼吸的变化，接着主导正念的工作人员，用语言引导学员从口鼻、脸部五官、肩颈、躯干、四肢等，把注意力放在身体各个部位的感受上，最后留意全身的体会。在这个过程中如果有分心，产生杂念，都没有关系，也不需要批判自己，只要将念头再拉回来即可。

在日常生活中，可以有意识地把注意力放到正在做的事情上，例如走路、洗碗、等公交车、吃饭等。

三、举例

盲眼食物静观：找一种食物（最典型的是葡萄干），通过手指的触感、鼻子的嗅觉、耳朵的听觉，试着感受这种食物的特性，最后放入口中，在舌头和味觉的体察下，感受到放入口中的食物是什么。可以通过下列问题来帮助自己觉察：

1. 现在的状况环境是什么？
2. 我在哪儿？我正在做什么？
3. 我在体验某件事情或者行为之前的感受、想法、感知是什么？
4. 我在体验某件事情或者行为之中的感受、想法、感知是什么？
5. 我从中学习到了什么？

课后阅读

情绪理论影响人生

有两个秀才一起去赶考，路上他们遇到了一支出殡的队伍。看到那一口黑乎乎的棺材，一个秀才心凉了半截，心想：赶考的日子居然碰到棺材，是不吉利的兆头，他的心情一落千丈，结果在考场上文思枯竭，名落孙山。另一个秀才想：棺材棺材，那不就是有“官”又有“财”吗？好兆头！结果他在考场上文思如泉涌，一举高中。

这则故事恰好可以用著名的“ABC 情绪理论”来解释：A 代表诱发事件；B 代表信念，是指人们对 A 的信念、认知、评价或看法；C 代表结果。并非诱发事件 A 直接引起结果 C，A 与 C 之间还有中介因素——人们对 A 的信念、认知、评价或看法，即信念 B，如下图所示。

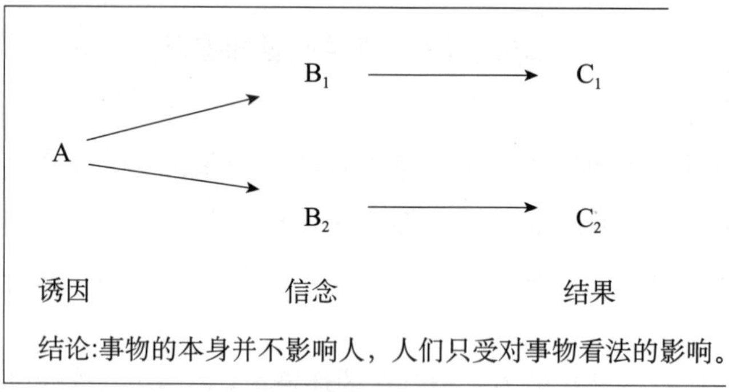

ABC 情绪理论

简而言之，个人对刺激情境的信念、认知是引起情绪反应的直接原因。这就是为什么看到同一口棺材，两个秀才会产生不同的想法，进而导致不同结果的原因。

由此可见，人的信念及对事物的认知、评价和看法是多么重要。

资料来源：程艳．情绪理论影响人生 [J]. 应用写作，2007 (4).

如何做自己情绪的主人

在遭遇困难的时候，有些人勇往直前，有些人却惊慌失措、局促不安；在遭遇打击的时候，有些人愈挫愈勇，有些人却自暴自弃、怨天尤人。为什么在面对同样的事情时，不同的人会表现出不同的情绪反应呢？心理学用“情绪风格”来解释这种现象。

人的情绪由六个维度组成：情绪调整、生活态度、社交直觉、自我觉察、情景敏感和专注力，这六个维度的构成比例决定了情绪的类型、强度和持续时间等，使情绪具有不同的“风格”。不同“情绪风格”的人在面对同样的事情时可能呈现出不同的态度，比如在遭遇打击的时候，情绪调整能力较强、生活态度乐观的人更容易恢复；在面对诱惑的时候，专注力较强的人更倾向于不为所动。除了心理状态之外，大量实验还证明，“情绪风格”能影响人的生理系统，比如乐观、积极的情绪对人的健康更有益。“情绪风格”千差万别，即使你对自己的“情绪风格”不满意也不必过于担心，因为通过某些方法是可以将其改变的，接下来主要向大家介绍三种方法。

1. 认知行为疗法。认知行为疗法是在20世纪60年代出现的一种心理治疗方法，该治疗方法认为，个体的情绪并非来自事情本身，而是来自个体对该事情的看法、评价和解释等。因此，要想改变个体在面对某件事情时表露出的情绪，就要改变个体的认知结构，使其重新评价自己和外界事物。

2. 正念练习。个体在进行这种练习时，只需要认真体会自己当前的想法、感觉、情绪，而不对其做任何评价，这样能够使心情得到平复和放松。

3. 改变环境。生活环境会对“情绪风格”产生影响，如果生活在安静、稳定的环境中，一个人的“情绪风格”就更倾向于保持安静、稳定；如果经常与积极、乐观的人待在一起，一个人的“情绪风格”就更倾向于积极、乐观。因此，大家可以有意识地改变自己的生活环境。

第五章 法律知识护航

通过本章的学习，大家能够了解一些劳动法律维权方面的知识，以便在未来职业中更好地保障自己的合法权益。

建议教师在引导学生学习本章知识时，主要采用案例教学法，并辅以讲授、读书指导、调研实践等方法。

第一节　劳动合同

学习目标

1. 了解劳动法与劳动合同法的相关规定
2. 掌握签订劳动合同的技巧
3. 培育法治意识

职业角

案例一

中职毕业生小张在本市某公司仓库做搬运工作，工作了一年半，一直没有签订劳动合同。后来因拒绝加班，被单位辞退。张某向劳动监察部门投诉，劳动监察部门让他申请劳动仲裁。张某委托律师维权，获得了经济补偿及额外经济补偿共计 9 780 元。

点评：根据《劳动合同法》的规定，用人单位自用工之日起即与劳动者建立劳动关系。用人单位与劳动者在用工前订立劳动合同的，劳动关系自用工之日起建立。用人单位自用工之日起超过一个月不满一年未与劳动者订立书面劳动合同的，应当向劳动者每月支付两倍的工资。用人单位自用工之日起满一年不与劳动者订立书面劳动合同的，视为用人单位与劳动者已订立无固定期限劳动合同。

本案例中的公司没有按规定与小张签订书面劳动合同，应当按照《劳动合同法》相应规定进行赔偿。

案例二

中职毕业生小陈应聘某公司的出纳，签订的三年期劳动合同中规定：试用期为一年，试用期工资为正式工资的一半。八个月后，陈某无意中了解到这样的合同不符合法律规定，于是向公司主张权利，遭到了拒绝。陈某向劳动争议仲裁委员会提起仲裁请求，要求支付赔偿金。

点评：《劳动合同法》第十九条规定："劳动合同期限三个月以上不满一年的，试用期不得超过一个月；劳动合同期限一年以上不满三年的，试用期不得超过二个月；三年以上固定期限和无固定期限的劳动合同，试用期不得超过六个月。"第二十条规定："劳动者在试用期的工资不得低于本单位相同岗位最低档工资或者劳动合同约定工资的百分之八十，并不得低于用人单位所在地的最低工资标准。"

本案例中签订的劳动合同为三年，试用期最多不得超过六个月，且工资未达到法律规定的数额，因此属于无效合同。

就业小技巧

签订劳动合同的注意事项

签订合同前，要认真学习和了解劳动法律法规方面的知识。签订劳动合同时，需要注意以下事项。

一、合同主体

确保与你签订合同的公司是合法存在的，并且具有签订合同的资格。同时，确认合同中的公章、公司名称、法定代表人身份等信息是否与登记信息一致，以避免签约对象被"掉包"的风险。

二、合同内容

合同中应明确双方的权利和义务，包括工作岗位、工作职责、薪资待遇、工作时间、福利待遇等，以避免未来发生争议。一份正式的合同应该条款齐全，如名称、地点、时间、劳动规则、具体工作内容和标准、劳动报酬、合同期限、违约责任等。如果没有异议，当面同单位负责人签字盖章，以避免发生纠纷。如果用人单位主要从事一些对劳动者的健康和安全有较大威胁的行业，一定要向用人单位确认，遇到工伤或者职业病应该按照法律的规定来处理。如果合同中有保密条款，应当明确保密的范围和期限，以及违反保密条款的后果。

三、合同期限

合同期限应当合理，不能超过法定最高期限。同时，合同期限应当与招聘时的约定一致，以避免日后出现纠纷。试用期应当在法律规定的范围内约定，并且应当明确试用期的期限和双方的权利义务。如果合同中有培训或者服务期条款，应当明确培训或者服务期的期限和双方的权利义务。同时，应当注意培训或者服务期是否符合法律规定。

四、违约责任

合同中应当明确双方违约时的责任和后果，以便在发生违约行为时按照合同约定进行处理。

求职者还应该了解一下其他的细节问题。例如，当合同涉及数字时，一定要用大写汉字；注意合同生效的必要条件和附加条件（如签证、登记）；合同至少一式两份，双方各执一份（个别事业单位需要一式三份，其中一份送交上级部门备案）。

一些用人单位常常事先起草一份劳动合同文本，其部分条款内容可能不利于劳动者，为了稳妥起见，在正式签订劳动合同前，要详细阅读了解合同各个条款，确保自己的权益得到保障。如有疑问，可以咨询法律专业人士或者律师。

哪些情况可以变更

一、劳动合同变更的条件

（1）订立劳动合同时所依据的法律、法规已修改或废止；

（2）用人单位转产或调整、改变生产任务；

（3）用人单位严重亏损或发生自然灾害，确实无法履行劳动合同规定的义务；

（4）当事人双方协商同意；

（5）法律允许的其他情况。

二、程序

（1）及时提出变更合同的要求；

（2）按期做出答复；

（3）双方达成书面协议。

劳动合同的解除有哪些情况

一、协商解除劳动合同

协商解除劳动合同的情形如下：

（1）用人单位与劳动者协商一致，可以解除劳动合同；

（2）其他因劳动合同订立时所依据的客观经济情况发生重大变化，致使劳动合同无法履行的，用人单位与劳动者协商一致，可以解除劳动合同。

二、用人单位解除劳动合同

劳动者有下列情形之一的，用人单位可以解除劳动合同：

（1）在试用期间被证明不符合录用条件的；

（2）严重违反用人单位的规章制度的；

（3）严重失职，营私舞弊，给用人单位造成重大损害的；

（4）劳动者同时与其他用人单位建立劳动关系，对完成本单位的工作任务造成严重影响，或者经用人单位提出，拒不改正的；

（5）以欺诈、胁迫的手段或者乘人之危，使用人单位在违背真实意思的情况下订立或者变更劳动合同，致使劳动合同无效的；

（6）被依法追究刑事责任的。

三、劳动者解除劳动合同

劳动者提前三十日以书面形式通知用人单位，可以解除劳动合同。劳动者在试用期内提前三日通知用人单位，可以解除劳动合同。

用人单位有下列情形之一的，劳动者可以解除劳动合同：

（1）未按照劳动合同约定提供劳动保护或者劳动条件的；

（2）未及时足额支付劳动报酬的；

（3）未依法为劳动者缴纳社会保险费的；

（4）用人单位的规章制度违反法律、法规的规定，损害劳动者权益的；

（5）以欺诈、胁迫的手段或者乘人之危，使劳动者在违背真实意思的情况下订立或者变更劳动合同，致使劳动合同无效的；

（6）法律、行政法规规定劳动者可以解除劳动合同的其他情形。

劳动合同的终止有哪些情形

有下列情形之一的，劳动合同终止：

（1）劳动合同期满的；

（2）劳动者开始依法享受基本养老保险待遇的；

（3）劳动者死亡，或者被人民法院宣告死亡或者宣告失踪的；

（4）用人单位被依法宣告破产的；

（5）用人单位被吊销营业执照、责令关闭、撤销或者用人单位决定提前解散的；

（6）法律、行政法规规定的其他情形。

活动园

找出合同中不合理的条款

甲方：××××企业　　　乙方：××，女，23岁

一、甲乙双方经过协商，暂定一年试用期。试用期满，经过甲方的考核，对乙方予以转正，并录用为职工，签订正式合同，实行劳动合同制。

二、乙方到甲方工作，实行内部承包，需交500元承包抵押金，劳动合同终止时予以退还。

三、职工工资采用计件制形式，每月结算一次，平时支付工资的80%，余额在年终结清。

四、甲方保证乙方每月25天工作，在25天因甲方原因乙方停工的，甲方每天补助人民币50元。

五、合同期内，职工患病或非因工负伤，可按本企业的规章制度报销医疗费，需要停工治疗的，甲方根据其在本单位工作时间的长短，给予3个月至1年的医疗期，医疗期满后，如因不能从事原工作的，甲方可以解除劳动合同，甲方将发给相当于本人标准工资1个月至6个月的医疗补助费。

六、甲方应按照国家规定，向乙方提供必要的劳动保护用品；乙方应遵守有关的规章制度，安全生产。如果乙方因违反操作规程而受伤，甲方将按非因工受伤的有关规定，给予补偿和处理。

七、乙方在试用期和合同期内应当遵守有关的劳动纪律，服从甲方的管理和指挥，违反劳动纪律的，按《企业职工奖惩条例》和本企业的规章制度处理。在试用期内，乙方不得结婚，违者将不得享受有关的婚假和生育假期。违反本条规定的，甲方有权解除劳动合同，年终工资将不予结算，乙方的承包抵押金将不予退还。

八、乙方提前离职，应交纳在岗期间的培训费，按工资的10%计算。

九、除第五条、第七条的规定，任何一方，无论以哪一种理由要求解除劳动合同，都必须提前15日向对方提出，并取得对方的同意。

十、本合同自签字之日起生效，双方都必须严格执行。

甲方：××××企业（盖章）　　法定代表人：××（签字）

乙方：××（签字）

签字日期：××××年×月×日

行动建议

以四人小组为单位，通过查找资料，起草一份劳动合同，并补充完善。小组之间进行竞赛，看哪一组做得最合理合法、全面完善。

课后阅读

关于劳动合同的有关知识

劳动合同应当具备以下条款：

（1）用人单位的名称、住所和法定代表人或者主要负责人。

（2）劳动者的姓名、住址和居民身份证或者其他有效身份证件号码。

（3）劳动合同期限。

劳动合同期限是指劳动合同起始至终止之间的时间，或者说是劳动合同具有法律约束力的时段。

劳动合同期限分为固定期限、无固定期限和以完成一定工作任务为期限三种。固定期限劳动合同，是指用人单位与劳动者约定合同终止时间的劳动合同。无固定期限劳动合同，是指用人单位与劳动者约定无确定终止时间的劳动合同。以完成一定工作任务为期限的劳动合同，是指用人单位与劳动者约定以某项工作的完成为合同期限的劳动合同。

（4）工作内容和工作地点。

（5）工作时间和休息休假。

我国的标准工时为劳动者每日工作8小时，每周工作40小时，在1周（7日）内工作5天。实行计件工作的劳动者，用人单位应当根据每日工作8小时、每周工作40小时的工时制度，合理确定其劳动定额和计件报酬标准。

缩短工作时间是指法律规定的在特殊情况下劳动者的工作时间长度少于标准工作时间的工时制度，即每日工作少于8小时。缩短工作日适用于：

1）从事矿山井下、高温、有毒有害、特别繁重或过度紧张等作业的劳动者；

2）从事夜班工作的劳动者；

3）哺乳期内的女职工。

延长工作时间是指超过标准工作日的工作时间，即日工作时间超过8小时，每周工作时间超过40小时。延长工作时间必须符合法律、法规的规定。

（6）劳动报酬。

（7）社会保险。社会保险的主要项目包括养老社会保险、医疗社会保险、失业保险、工伤保险、生育保险等。

（8）劳动保护、劳动条件和职业危害防护。

（9）法律、法规规定应当纳入劳动合同的其他事项。

劳动合同除上述规定的必备条款外，用人单位与劳动者可以约定试用期、培训、保守秘密、补充保险和福利待遇等其他事项。

敏感的“派遣工”

实习学生小敏找到学校就业办老师反映：“老师，我不想去A公司了？为什么我们实习不是与A公司签合同，而是和B劳务派遣公司签呢？难道我们也是派遣工吗?”老师向她解释：“在试用期内，你与劳务派遣公司签劳动合同，转正后，你与A公司签合同。但是无论你与哪个公司签合同，你们的权益都会受到法律保障。我们的实习学生度过1～3个月的试用期后，均与A公司签订劳动合同，成为A公司的正式员工。”

“劳务派遣”这个名词，对学生来说有些陌生，且带着排斥心理。在对学生做实习岗前培训的时候，尽管老师多次提到劳务派遣，但是学生们并没有真正理解劳务派遣的含义，他们觉得那些都是社会人员的事，与学生无关。从2008年以后，许多企业把部分员工改为劳务派遣，如今，越来越多的公司，包括许多世界500强公司，采用劳务派遣这种用工形式，珠三角地区企业的这种用工形式更是非常普遍。这种用工形式下，企业向劳务派遣公司缴纳一定的管理费，支付员工工资，其他的包括后勤、社保、辞退赔偿等各项责任可以全部转移到劳务公司，这是一种企业与劳务公司双赢的合作方式。

《劳动合同法》中有关劳务派遣的规定

第五十九条 劳务派遣单位派遣劳动者应当与接受以劳务派遣形式用工的单位（以下称用工单位）订立劳务派遣协议。劳务派遣协议应当约定派遣岗位和人员数量、派遣期限、劳动报酬和社会保险费的数额与支付方式以及违反协议的责任。

用工单位应当根据工作岗位的实际需要与劳务派遣单位确定派遣期限，不得将连续用工期限分割订立数个短期劳务派遣协议。

第六十二条 用工单位应当履行下列义务：

（一）执行国家劳动标准，提供相应的劳动条件和劳动保护；

（二）告知被派遣劳动者的工作要求和劳动报酬；

（三）支付加班费、绩效奖金，提供与工作岗位相关的福利待遇；

（四）对在岗被派遣劳动者进行工作岗位所必需的培训。

第六十三条 被派遣劳动者享有与用工单位的劳动者同工同酬的权利。用工单位应当按照同工同酬原则，对被派遣劳动者与本单位同类岗位的劳动者实行相同的劳动报酬分配办法。用工单位无同类岗位劳动者的，参照用工单位所在地相同或者相近岗位劳动者的劳动报酬确定。

……

第六十六条 ……劳务派遣用工是补充形式，只能在临时性、辅助性或者替代性的工作岗位上实施。

……

第二节 劳动维权

学习目标

1. 了解劳动者的权利和义务
2. 了解劳动维权的途径

3. 培养正确的权利义务观念

职业角

案例一

一位毕业生来校，诉说他在某工厂干了 30 多天活，最后却没领到工资。他给我们讲述了事情的经过："我从 3 月进厂工作，每天工作时间约 10 小时，我在流水线上工作，工作简单，但工作量大，做得不好要重新做。因为是新人，有些粗重的活老员工们总叫我干，而且班组长很凶，经常骂人，心里很难受。一个多月后，我生病了，到组长那请假不批，说公司规定，要有医院证明才能批假。我很生气，也觉得委屈，为什么公司管理这么没人性？我索性不理会，去看病了。看完病后，想想工厂的辛苦，就决定不去厂里了，也没跟厂里打招呼。没想到，发工资时，我的工资为 0，追问工厂，工厂答复说我未办理离职手续，当自动离职处理。按公司规定，工厂每月 10 日发放上一个月的工资，我 3 月 5 日进厂，4 月 8 日离职，所以不发放工资。"

事后，学校就业办找到镇劳动公司相关办事人员咨询，接待人员的答复是：工人辞职时，若厂方不批，可以直接起诉，但是，如果工人自动离职，公司可以按公司管理制度处理。最后该毕业生未领到工资。

思考：为什么该毕业生没有领到工资？劳动者有什么权利和义务？

案例二

小李是某职业高中物流专业毕业生，毕业后到一家物流公司工作，但是公司没有为他办理缴纳社会保险，他不知道如何投诉，导致仲裁、法院、劳动部门都不受理他的投诉和诉讼请求。通过律师给予指导，小李调整了诉讼思路，再次诉讼，最后判决公司按时给他缴纳社会保险。

思考：劳动者与用人单位发生劳动纠纷，可以采取哪些途径解决？

就业小技巧

劳动者的权利和义务

劳动者的权利是指劳动者依照劳动法律行使的权利和享受的利益。劳动者享有以下权利：

第一，劳动者享有平等就业的权利；

第二，劳动者享有选择职业的权利；

第三，劳动者享有取得劳动报酬的权利；

第四，劳动者享有获得劳动安全卫生保护的权利；

第五，劳动者享有休息休假的权利；

第六，劳动者享有享受社会保险和福利的权利；

第七，劳动者享有接受职业技能培训的权利；

第八，劳动者享有提请劳动争议处理的权利；

第九，法律规定的其他劳动权利。

劳动者的义务是指劳动者必须履行的责任。劳动者须履行以下义务：

第一，劳动者应当完成劳动任务；

第二，劳动者应当提高职业技能；

第三，劳动者应当执行劳动安全卫生规程；

第四，劳动者应当遵守劳动纪律；

第五，劳动者应当遵守职业道德。

解决劳动纠纷有哪些途径

劳动纠纷发生后，当事人可以按照下列基本程序进行解决：

协商 → **工会调解** → **仲裁** → **诉讼**

协商：发生劳动争议，劳动者可以与用人单位协商，也可以请工会或者第三方共同与用人单位协商，达成和解协议。

工会调解：基层调解组织对企业、行政单位与职工之间发生的劳动争议进行调解，促使双方达成协议。

仲裁：劳动争议仲裁委员会根据法律规定和争议当事人申请对争议案件进行调解仲裁。

诉讼：当事人对可诉的仲裁裁决不服的，可自收到仲裁裁决书之日起15日内向人民法院提起诉讼。对经过仲裁裁决，当事人向法院起诉的劳动争议案件，人民法院应当受理。

活动园

小林从某中职学校毕业后与一家公司签订了5年期的劳动合同。合同中约定试用期为3个月。在试用期，小林出过几次小差错，但对工作没有太大影响。公司在小林试用期将满前告诉她，因为她工作中有差错，所以决定将试用期延长3个月。小林当时因为急于找一份稳定的工作，没有反对。然而，6个月试用期满后，公司竟做出决定：她在试用期不符合公司的要求，要解除劳动合同。

思考：如果你是小林，遇到这样的情况应该怎么办？

____

____

____

行动建议

问卷调查表

调查周围人群对《劳动法》的了解，以小组为单位进行问卷调查。

1. 你知道保护劳动者权利的相关法律的名称吗？

A. 知道　　B. 不知道

2. 你知道《劳动法》所规定的内容吗？

A. 知道　　B. 不知道　　C. 不是很清楚

3. 你曾经和企业签订劳动合同了吗？

A. 有　　B. 没有

4. 企业曾经无故克扣过你的工资吗？

A. 有　　B. 没有　　C. 不清楚

5. 企业是否给你交纳“五险一金”？

A. 有　　B. 没有　　C. 没有交满

6. 企业曾经是否让你连续加班（月总计超过 36 小时）？

A. 有　　B. 没有

7. 企业是否有其他侵犯劳动者权利的行为？

具体情况是：______________________

8. 发生劳动争议时，你是怎么处理的？

A. 甘愿忍受　　B. 协商处理　　C. 起诉　　D. 其他__________

9. 劳动争议发生后处理的结果如何？

A. 合法权益得到维护　　B. 不了了之　　C. 部分权益得到维护

课后阅读

细读《员工手册》

一般来说，每家企业都会制订《员工手册》。《员工手册》中的下列这些内容值得求职者仔细阅读。

一、组织结构

这一部分主要解释企业的内部组成，每位求职者要搞清楚自己所申请的职位在企业中所属的部门及地位。

二、职位等级

一般企业都有比较严格的等级制度，有时候同样是“经理”头衔，其工作实质却差异很大，薪资待遇及权限范围有天壤之别。

三、工作制度

劳动合同中往往只规定了每周工作的时间，但具体的工作制度是在《员工手册》中反映的，故而要搞清楚一家企业的工作制度。

四、薪酬支付

有的企业每月只发薪一次，有的企业则分次发薪。

五、规章制度及奖惩条例

要逐条仔细审读，不能遗漏，不能等事情发生之后再回过头考虑，否则问题就比较大了。

六、福利

如看病有无指定医院、常规疾病医药费报销方式、年休假制度的实施等。

七、劳动保护

如属生产型企业，则要特别关注这一大类的内容，企业的保护措施、防火措施、急救措施等也是需要重点考虑的。

八、培训和职业发展计划

参与一家企业不仅仅是参与劳动获得报酬，而是有一个自我发展的过程。因此，完善的企业培训能够保证员工自身未来的可持续发展，也是至关重要的。

资料来源：找法网．细读《员工手册》．(2019-04-06)[2023-12-16]．https：//china. findlaw. cn/laodongfa/yuangongshouce/45808. html.

面对职场“奇葩”规定，勇敢说“不”！

“请事假扣发双倍工资”“女员工入职三年内不准生育”……现实生活中，一些职场“奇葩”规定侵犯了劳动者的合法权益，也给企业自身发展带来了不利影响。

面对此类“奇葩”规定，我们应当勇敢说“不”。那么，企业“家规”的法律底线在哪？劳动者又该如何维权？

请事假扣发双倍工资？违规！

请事假可以扣发当天工资，扣双倍或多倍工资都是不合法的。如果已扣除工资的，当事人可以要求单位赔偿，也可以向人社部门举报或申请劳动争议仲裁。

《劳动法》第五十条规定，工资应当以货币形式按月支付给劳动者本人。不得克扣或者无故拖欠劳动者的工资。

如果用人单位还存在全勤奖、餐补等情形的，应当根据相关规章制度及对应的天数进行扣减。

如果员工当月请事假天数较多，用人单位也可根据员工实际出勤的天数进行计薪。

安排员工周末开会、培训不算加班？不可以！

企业要求劳动者在标准工作日之外的双休日来开会，应当视为加班。培训本身就是工作的一部分，在双休日培训，也应当认为是加班。用人单位应当依法支付加班费或者安排员工调休。

《国务院关于职工工作时间的规定》第三条规定，职工每日工作 8 小时、每周工作 40 小时。

《劳动法》第四十四条规定，有下列情形之一的，用人单位应当按照下列标准支付高于劳动者正常工作时间工资的工资报酬：

（1）安排劳动者延长工作时间的，支付不低于工资的百分之一百五十的工资报酬；

（2）休息日安排劳动者工作又不能安排补休的，支付不低于工资的百分之二百的工资报酬；

（3）法定休假日安排劳动者工作的，支付不低于工资的百分之三百的工资报酬。

女员工入职三年内不准生孩子？违法！

生育是公民的一项基本权利，用人单位不得加以限制。用人单位的规章制度不得违反法律的规定。

《妇女权益保障法》第四十四条第一款规定，用人单位在录（聘）用女职工时，应当依法与其签订劳动（聘用）合同或者服务协议，劳动（聘用）合同或者服务协议中应当具备女职工特殊保护条款，并不得规定限制女职工结婚、生育等内容。

《就业促进法》第二十七条第三款规定，用人单位录用女职工，不得在劳动合同中规定限制女职工结婚、生育的内容。

《女职工劳动保护特别规定》第五条规定，用人单位不得因女职工怀孕、生育、哺乳降低其工资、予以辞退、与其解除劳动或者聘用合同。

实行“末位淘汰”制度，公司可开除末位员工？缺乏法律依据！

“末位淘汰”或许可以保持企业活力，但如果将“末位淘汰”绩效管理考核结果与解除劳动关系相挂钩，直接引发解除员工劳动合同，则缺乏法律依据，用人单位或将面临违法解除劳动合同的法律风险。

劳动者在用人单位等级考核中居于末位等次与“不能胜任工作”，二者不能直接画等号。即便该员工确实不能胜任工作，根据《劳动合同法》的规定，用人单位应当为其提供培训或者调整工作岗位，之后如果员工仍不能胜任工作，用人单位则需提前三十日以书面形式通知劳动者本人或者额外支付劳动者一个月工资后，方可解除劳动合同。

用人单位与员工解除劳动合同，必须符合法定条件、遵循法定程序，而“末位淘汰”并不在《劳动合同法》规定的用人单位可解除劳动合同的法定条件之列。

> **第三十九条**　劳动者有下列情形之一的，用人单位可以解除劳动合同：
> （一）在试用期间被证明不符合录用条件的；
> （二）严重违反用人单位的规章制度的；
> （三）严重失误，营私舞弊，给用人单位造成重大损害的；
> （四）劳动者同时与其他用人单位建立劳动关系，对完成本单位的工作任务造成严重影响，或者经用人单位提出，拒不改正的；
> （五）因本法第二十六条第一款第一项规定的情形致使劳动合同无效的；
> （六）被依法追究刑事责任的。

最高人民法院2016年11月30日公布的《第八次全国法院民事商事审判工作会议（民事部分）纪要》明确，用人单位在劳动合同期限内通过“末位淘汰”或“竞争上岗”等形式单方解除劳动合同，劳动者可以用人单位违法解除劳动合同为由，请求用人单位继续履行劳动合同或者支付赔偿金。

另外，根据《民法典》的规定，民事主体享有名誉权。任何组织或者个人不得以侮辱、诽谤等方式侵害他人的名誉权。根据《劳动法》第九十六条的规定，用人单位以暴力、威胁或者非法限制人身自由的手段强迫劳动的，或侮辱、体罚、殴打、非法搜查和拘禁劳动者的，由公安机关对责任人员处以十五日以下拘留、罚款或者警告；构成犯罪的，对责任人员依法追究刑事责任。

用人单位制定的规章制度若与相关法律相悖，或未经过民主程序制定和公示，仅单方面、临时告知劳动者，并不具备法律效力。遭辱骂、被扇耳光等职场上的“体罚”或“变相体罚”等行为严重侵犯了劳动者的人格尊严、名誉权，劳动者不用一味隐忍，必要时可依法提起侵权诉讼，用法律武器保护自己。

第六章 职场小窍门

未来职场胜负很大程度掌握在每个人做人做事的态度、方式上。本章总结了一些赢得职场成功的小技巧，希望能帮助学生在未来更快适应工作，融入新环境。

建议教师在指导学生学习本章时，深入探讨案例，和学生交流本校学生实习案例、教师工作自身体会等，使教学更贴近生活，更有教育意义。

第一节 人际关系处理

学习目标

1. 了解工作中的人际关系。
2. 掌握处理人际关系的技巧。
3. 处理好人际关系，培养健全人格。

职业角

案例

小李是一名新入职的员工，他努力工作，但与同事们的交流不够主动。他发现自己在团队中被边缘化了，同事们似乎不太愿意与他合作。他感到很困惑和失落，不知道如何改变这种情况。

点评：进入职场后，你会发现除了做事，人际关系也是一门学问，如何处理和同事之间的人际关系很重要，这在一定程度上决定你是否能安然在职场上闯荡。人际关系是职业生涯中一个非常重要的课题，良好的人际关系是舒心工作、安心生活的必要条件，每个职场人都应在人际关系上调整好自己的坐标。

就业小技巧

在工作中如何处理好人际关系

心理学将人际关系定义为人们在生产或生活活动过程中所建立的一种社会关系。人际关系是职业生涯中一个非常重要的研究课题。毕业生从校园来到职场，面对复杂的环境，能否处理好人际关系，决定着未来工作是否愉快和成功。

马克思主义哲学告诉我们，要学会辩证地看待和处理人际关系。人是社会的产物，除了关注自己的需求，同时要考虑他人的感受和需要，考虑社会群体的利益，所以在职场我们首先要互相理解、尊重差异。同时，辩证法中的矛盾理论告诉我们，解决矛盾的方法是以和谐为目标的，要善于通过沟通、妥协、调整来协调矛盾，让人际关系向更好的方向发展。

下面的小技巧能够帮助你处理好各种人际关系。

（1）尊重你的上司。作为职场新人，我们对上司首先要尊重。也许这个上司并不完美，但是能成为你的上级，他（她）应该都有过人之处。我们要善于发现别人的长处与闪光点，并学习借鉴，这能帮助自己迅速提高。当然，我们也有自己的想法和原则，在尊重的氛围里，可以适当表达自己的质疑和意见。

（2）理解你的同事。要用谦虚、友好的态度对待身边的每一个人，放低自己的姿态，多夸奖同事。在别人需要帮忙的时候，能帮就帮，尝试着把同事变为朋友。在发生误解和争执的时候，不妨换个角度，站在对方的立场上考虑，理解别人的处境。平时闲谈的时候不议论别人的是非或评头论足，这会在贬低别人的同时也破坏了自己的形象。

（3）帮助你的下属。大家在同一个单位，有共同的利益，帮助别人，其实也是在帮助自己。你能成为领导是上级的肯定和同事们的信任。保持一颗谦虚谨慎的心，能得到更多的尊重。平时多倾听下属，多和大家交流，能了解工作中的情况，掌握信息，帮助自己做出判断和决策。

（4）感谢你的对手。有竞争对手说明你的能力强，能引起别人的重视。在大自然中，没有天敌的动物往往最先灭绝，有天敌的动物则会逐步繁衍壮大。因为有了对手，你会更加努力上进。所以，要感谢你的对手，你的进步离不开他（她）的激励。

活动园

人际关系测试

请你根据自己的实际情况，认真考虑下列问题，从所给备选答案中选出最符合你的一项。

1. 每到一个新的场合，你对那里不认识的人，总是（　　）。

A. 能很快记住他们的姓名，并成为朋友

B. 尽管也想记住他们的姓名并成为朋友，但很难做到

C. 喜欢一个人消磨时光，不太想结交朋友，因此不注意他们的姓名

2. 你打算交朋友的动机是（　　）。

A. 认为朋友能使你生活愉快

B. 朋友们喜欢你

C. 能帮助你解决问题

3. 你和朋友交往时，持续的时间多是（　　）。

A. 很久，时有来往

B. 有长有短

C. 根据情况变化，不断弃旧更新

4. 对曾在精神上、物质上诸多方面帮助过你的朋友你总是（　　）。

A. 感激在心，并时常向朋友提及此事

B. 认为朋友间互相帮助是应该的，不必客气

C. 事过境迁，抛在脑后

5. 在你生活中遇到困难或发生不幸的时候，（　　）。

A. 了解你情况的朋友，几乎都曾安慰、帮助你

B. 只是那些很知己的朋友来安慰、帮助你

C. 几乎没有朋友登门

6. 你和那些气质、性格、生活方式不同的人相处的时候总是（　　）。

A. 适应比较慢

B. 几乎很难或不能适应

C. 能很快适应

7. 对那些异性朋友、同事，你（　　）。

A. 只是在十分必要的情况下才会去接近他们

B. 几乎和他们没有交往

C. 能同他们接近，并正常交往

8. 你对朋友、同事们的劝告、批评总是（　　）。

A. 能接受一部分

B. 难以接受

C. 很少乐意接受

9. 在对待朋友的生活、工作诸多方面，你喜欢（　　）。

A. 只赞扬他（她）的优点

B. 只批评他（她）的缺点

C. 因为是朋友，所以既要赞扬他的优点，也要指出不足或批评他的缺点

10. 在你情绪不好、工作很忙的时候，朋友请求你帮他（她），你会（　　）。

A. 找个借口推辞

B. 表现不耐烦，断然拒绝

C. 表示有兴趣，尽力而为

11. 你在穿针引线编织自己的人际关系网时，希望把（　　）编入。

A. 上司、有权势者

B. 诚实、心地善良的人

C. 与自己社会地位相同或低于自己的人

12. 当你在生活、工作中遇到困难的时候，你（　　）。

A. 向来不求助于人，即使无能为力时也是如此

B. 很少求助于人，只是确实无能为力时，才请朋友帮助

C. 事无巨细，都喜欢向朋友求助

13. 你结交朋友的途径通常是（　　）。

A. 通过朋友介绍

B. 在各种场合中接触

C. 只是经过较长时间相处了解而结交

14. 如果你的朋友做了一件使你不愉快或使你伤心的事，你会（　　）。

A. 以牙还牙回敬一下

B. 宽容、原谅

C. 敬而远之

15. 你对朋友们的隐私总是（　　）。

A. 很感兴趣，热心传播

B. 从不关心此类事情，甚至想都没想过，即使了解也不告诉别人

C. 有时感兴趣，传播

请对照下面的评分方法，计算出你的得分为________。

【评分方法】

选项＼题号	1	2	3	4	5	6	7	8	9	10	11	12	13	14	15
A	1	1	1	1	1	3	3	3	3	3	5	5	5	5	5
B	3	3	3	3	3	5	5	5	5	5	1	1	1	1	1
C	5	5	5	5	5	1	1	1	1	1	3	3	3	3	3

【结果分析】

15～29 分：说明你人际关系很好；

30～57 分：说明你人际关系一般；

58～75 分：说明你人际关系较差。

行动建议

学生四人为一小组，回忆刚上高中时，自己是如何适应新环境，交到新朋友的？请想想，面对上班后的新环境，你打算如何处理人际关系？

____

____

____

____

____

____

____

课后阅读

人际关系永远是双向的

人的青春有限，最好的时间有限，精力智慧都有限。你把精力都放在搞好关系上了，都放在反击干扰上了，这本身便成了你的事业、你的工作的最大干扰了，你还能有多少过人的成绩？永远不要忘记，反击干扰只是手段，不是目的，目的是做出成绩，做出建设，拿出成果，有成绩没有好评固然可悲，有好评却没有成绩就更可耻可鄙。

在人际关系的合纵连横之中，一个人暴露的往往首先不是自己对立面的弱点而是自己的弱点。你的急功近利，你的逐名求利，你的吹嘘炫耀，你的嫉贤妒能，你的圈子，什么都表现出来了，自己还没觉察到呢！也许你的关系学操作能损人一分，但很可能同时损己两分，也许你的操作能抑人一分，但同时又抑己两分。这样的事例还少吗？

记住，人际关系永远是双向的、相互的。你要求人家事事跟着你，你就得事事维护人家。让人家为了你的利益而不怕牺牲，哪怕是一时放弃自己的利益，那么你就必须有为了人家的利益而不惜得罪你不想得罪的人的思想准备。你不能承担的义务，最好不要要求别人为你承担，你不想做的牺牲，最好不要动辄让别人为你做出。

记住，人际关系永远是双向的，学人者人恒学之，助人者人恒助之，敬人者人恒敬之，爱人者人恒爱之。同时，说人者人恒说之，整人者人恒整之，害人者人恒害之，耍人者人恒耍之，虚伪应付人者人恒虚伪应付之。

人际关系又永远是可变的，不羁的。今天蜜里调油，明天也可能出现裂缝；今天配合默契，明天也可能三心二意。与旁人的关系固然可喜，出现了裂痕，出现了困惑，出现了猜疑不必痛心疾首，更不要急火攻心，气急败坏，而大可付之一笑，视为自然。千里搭长棚，没有不散的筵席，好来好散，君子交也。

资料来源：王蒙．王蒙自述：我的人生哲学［M］．北京：人民文学出版社，2003.

世界是无意的

“我觉得你不喜欢我。”刚坐下，来访者A说出了这句话。气氛顿时有点紧张。

“很遗憾我让你感觉到不被喜欢，我很好奇是什么让你有这样的感觉。”心理咨询师继续追问A的感受。“我也不知道，但是我见你看我的眼神，就觉得你好像在看一堆垃圾。”A低头沉默了几秒钟，小心翼翼地给出了答案。

咨询师并不惊讶，保持着平静自然的语气：“我很抱歉让你感觉这么糟糕。我能问问，你对这种感觉熟悉吗?”

“当然熟悉了，这几年我每天都觉得被人嫌弃。”说起被讨厌的感受，A打开了话匣子，从半年前分手的男朋友到中学时的班主任、小学时的同桌……最后说到这二十多年来，躲也躲不开的父母。似乎在A的世界里，没有人是喜欢她的。

她的讲述令咨询师震惊，同时，咨询师脑海中冒出了另一个声音：她说的故事不见得都是真相，就像她刚刚见到我就觉得我不喜欢她一样——这并不是事实。

有时候，人们内心的“主观事实”和客观发生的“外部事实”并不一致。因为“主观事实”并不总是取决于当下正在发生的事情，还常常受到过去发生的事情的影响。所谓“一朝被蛇咬，十年怕井绳”，一次感受强烈的被嫌弃经历，带来的可能是对周围所有人的警惕。

于是，生活中被讨厌、被嫌弃的经历都被精确地捕捉到了，而那些不被嫌弃、不被拒绝的时刻却被一一忽略。

心理学家彼得·福纳吉提出了一个重要概念，叫作“心智化”。所谓心智化是指人们理解自己和他人的内心世界的能力。换句话说，心智化其实是为心理过程建立一个模型：人类的心理过程是看不见的，我们看到的只是他人的行为，但可以据此去推断对方的动机、情绪、需求和渴望等心理。

如何通过外在行为推断他人的内心呢？每个人都有自己的一套模型。当一个人的心智化水平偏低的时候，往往说明他的这套模型总是曲解别人的意图。就像A刚刚走进咨询室，就断定心理咨询师不喜欢她。

我们如何理解他人，并通过他人去理解自己，这是心智化能力的核心。

这种能力受到削弱，就无法改变了吗？并非如此，正如彼得·福纳吉所说：“当你感到孤独时，逆境会变成创伤。但如果你有良好的人际关系，他们实际上会帮助你消化吸收这种经历。”所以，真正的疗愈其实在关系中，一段良好的人际关系可以帮助一个人提升心智化能力。

有些陷入痛苦的人常常抱怨：“世界对我充满恶意！”可实际上，世界是无意的。

第二节　特长让我闪光

学习目标

1. 认识特长的重要性。
2. 挖掘自身的特长。
3. 正确认识自我，增强自信。

职业角

案例一

阿贤，2017年毕业，曾任J电子有限公司业务经理，现自主创业，自营公司。

他在谈到自己在学校的经历时提到高中前期，成绩特别差，但后来，校长和老师发现他的特长——体育（曾获长跑冠军），让他找到了自信，从那以后他便不懈地努力，在老师和同学们的帮助下，克服了重重困难，学习成绩突飞猛进。

2017年毕业后，阿贤被推荐到知名企业J电子有限公司，成了工厂五金车间的一名普通员工。他参加企业篮球赛引起了领导的注意，同时他的勤奋、为人及聪明，给上级领导及工友留下了非常好的印象。几年来，他的绩效考核一直排名稳居公司的前两位，他也因此得到董事长的特别信赖。短短4年，他就被提升为J电子有限公司的业务经理。过去的领导成为他的手下，公司还给他配了专车，就连不属于他负责省份的业务片区，董事长也让他过去进行指导。

点评：很多有才艺特长的学生在学校期间并没有想到自己喜欢的唱歌、跳舞、打球这些个人爱好会和将来的工作有关联。但在很多用人单位看来，“才艺特长”是让毕业生在堆得像小山一样的简历中脱颖而出的重要因素。在竞争日益激烈的就业市场，“才艺特长”被成功地转化为了就业生产力。

案例二

A 同学擅长使用 Office 软件的各种功能，现在职场中经常出现这样的情况：有很多人使用办公软件时不善于使用“帮助”项，或者觉得看使用软件说明很费劲，遇到了问题就十分着急，到处求助。A 同学则喜欢钻研，把 Office 的各种功能记得滚瓜烂熟，并且不断钻研新的版本。工作以后，无论哪个同事遇到了问题，第一个想到的就是找他，因而他深受大家喜爱。虽然他没有靠这个去挣钱，但赢得了同事们的好感和喜欢，大家也事事处处关心这个新来的同事，在工作中给予指点和帮助，很快他就成为公司的骨干员工。

思考：你拥有什么特长呢？

就业小技巧

特长与应聘

每个人都会有自己较为擅长的专门技艺或兴趣、研究领域，我们称之为特长。

在求职的时候，特长在很多时候成了敲门砖，甚至是核心竞争力。

某著名招聘网站在“如何制作吸引人眼球的简历”中指出，简历中必须突出兴趣特长，因为兴趣特长能体现一个人的性格特点，而且在必要时能帮助单位在参加各类活动中取胜。毕业生一定要重视对兴趣特长的填写，特长不是简单地唱歌跳舞，应突出应聘要求来写。比如逻辑思维缜密的研发岗位，或者有战略意识需求的岗位，喜欢会下围棋、象棋这样的求职者；管理类的岗位，需要擅长演讲、表达能力较强的求职者；销售类的岗位，会接纳喜欢旅行、能适应不同环境、快速学习的求职者。当然，特长并不能取代专业技能和个人其他能力，只是在同等条件下，同样专业、同样知识掌握得非常好的学生，有特长的学生相对会更具竞争优势。

职场中如何发挥特长

如果你已经顺利进入职场，为了让自己更具竞争力，获得更多的机会和发展空间，可以尽量发挥自己的特长。

首先，了解自己的兴趣特长。认真审视自己在技能、知识、经验、性格等方面的特点，找出优势。只有了解自己的优势特长，才能更好地发挥它们。

其次，在工作中运用特长。如果你擅长写作，那么在总结报告或者方案策划中运用它，展示出你与众不同的一面。如果你喜欢音乐，那么将活动策划得富有节奏感。在职场中，也许你的工作很枯燥，但是如果把你的兴趣特长和工作巧妙地结合在一起，会发生奇妙的效果。

最后，不断地学习和成长。积极培养和发展自己的特长技能，可以丰富个人的生活，增强自信心，为自己和他人带来更多的机会和可能。只有不断学习和成长的人，才能成为更好的自己。

活动园

游戏——传花环

步骤一：小组成员围坐成圆圈，随音乐传递花环，看音乐停止的时候花环在谁手里。

步骤二：小组里的其他成员说出拿花环的人的特长，说得越多越好，可以举生活中的例子证明。

步骤三：小组内轮流进行。

【引导讨论】

你是否有自己没有意识到的特长？

【活动目的】

了解在别人的心目中你有什么特长。

如何挖掘孩子的"潜在特长"

下面是一个对幼儿"潜在特长"挖掘的调查，你可以参考对照自己，也试着挖掘出自己的潜在特长。

请你在日常生活中所表现出的18种潜在特长中，勾选出你表现突出的项。

1. 能出色地记忆诗歌和电视播放的专栏乐曲。
2. 善于观察父母的情绪，领悟父母的忧与乐。
3. 善于辨别方向，极少迷路。
4. 落落大方，动作优雅，懂礼貌。
5. 爱伴随乐器的弹奏唱歌。
6. 爱提些怪问题。
7. 如果你经常听到的朗读故事里的某个词被更换了，你会说读错了。
8. 喜欢自己动手，什么东西都一学就会。
9. 特别喜欢模仿戏剧或电影人物的动作或台词。
10. 乘车时，对经过的站名或路标记得清清楚楚。
11. 喜欢倾听各种乐器发出的声响，并能根据声响敏锐地判断出是什么乐器。
12. 喜欢写写画画，物体勾勒得形象逼真。
13. 爱把玩具分门别类，按大小和颜色放在一起。

14. 善于把行为和感情联系起来，如说“我生气了才这样干的”。

15. 喜欢给人讲故事，而且讲得有声有色。

16. 善于描述所听到的各种声响。

17. 看见陌生人时，会说“他好像是某某人”之类的话。

18. 善于判断能做什么、不能做什么。

【结果分析】

如果 1、8 和 15 条表现突出，可能具有语言才能；如果 5、11 和 16 条表现突出，可能是个音乐苗子；如果 6 和 13 条表现突出，说明有逻辑方面的天赋；如果 3、10 和 12 条表现突出，说明有丰富的空间想象能力。

行动建议

自己查找或者向亲人、朋友、同学询问，找出自己的特长，并想想能反映出你的什么职业优势。

我擅长＿＿长跑＿＿，反映在工作中＿＿耐力强，能坚持不懈，完成各项任务＿＿。

我擅长＿＿＿＿＿＿，反映在工作中＿＿＿＿＿＿＿＿＿＿＿＿＿＿＿＿＿＿。

我擅长＿＿＿＿＿＿，反映在工作中＿＿＿＿＿＿＿＿＿＿＿＿＿＿＿＿＿＿。

我擅长＿＿＿＿＿＿，反映在工作中＿＿＿＿＿＿＿＿＿＿＿＿＿＿＿＿＿＿。

我擅长＿＿＿＿＿＿，反映在工作中＿＿＿＿＿＿＿＿＿＿＿＿＿＿＿＿＿＿。

我擅长＿＿＿＿＿＿，反映在工作中＿＿＿＿＿＿＿＿＿＿＿＿＿＿＿＿＿＿。

课后阅读

有特长好就业

曾经有某大型企业到我校招聘毕业生时提出的一个附加条件是，学生篮球打得要好，因为该企业所属行业内部经常举办篮球比赛，有一个队员调走了，企业没有合适的人，领导希望在招聘毕业生时把这家企业考虑进去。篮球谁都会打，打得好坏就不好评价了，于是我把愿意去这家企业的毕业生组织到操场上，举办了一场篮球比赛，让来招聘的人员挑选，好与坏让他们评判。

无独有偶，还有一次是一个用人单位招聘时需要一名会吹单簧管的毕业生，这家企业有一个业余乐队，缺会吹单簧管的。当然，专业也要符合要求。于是，我校艺术团的学生成了首选。

毕业生推荐表上，其中一栏就是需要毕业生填写自己所具有的特长，有的学生填了很多项，有的学生却空着。从用人单位的角度来说，恨不得招聘来的毕业生都是全能的，样样精通。

随着用人制度的改革和深化，企业普遍减员增效，谁都希望本单位的员工一专多能，一强多长，最好身兼数职，以降低企业成本。因此，具有多项优势的复合型人才和具有某项特长的毕业生自然受到用人单位的青睐。

实际上，上面提到的具有文体特长的同学到了工作单位就成了“香饽饽”，由于各种组织经常举办文艺、体育活动，自然都少不了他们，领导也经常对他们委以重用。即使偶尔有的活干得不是令人十分满意，大家也能原谅他们，积极地帮助他们。

俗话说得好，技不压身。同学们要在专业学习之余，努力培养几项特殊的技能。拥有特长并不难，特长只是你比别人多那么一点点技艺而已。比如照相，相机的档次不是主要因素，关键在取景的角度，大家手中的傻瓜相机和具有照相功能的手机就足够了。各种场合的摄影师，不仅给大家留下了很多珍贵的瞬间，还给大家带来了美的享受和回忆。

特长在很多时候成了一个人的专长，特长不仅能帮助你轻松地找到工作，还能帮你成就职业的辉煌。

第三节　灵活处理问题

学习目标

1. 能分清工作中的轻重缓急。
2. 懂得在职场中灵活处理问题。
3. 提高工作效率，增强职业精神。

职业角

案例

“这么一大堆任务一起布置下来，怎么解决啊?”我在心里呐喊。随着时间的流逝，刚从学校毕业参加工作的热情被无情地磨平了。我在行政办公室工作，需要与很多部门衔接，也就导致了我的工作“杂乱无章”。每个部门都有自己的任务，大家都想自己的事情先得到解决，他们都说自己的事很急。于是我就被一大堆工作给“淹没”了。直到有一天，部门经理找我谈了次话，才让我恍然大悟……

思考：你认为部门经理对“我”说了什么？

点评：新员工刚进入公司，对工作都抱有极大的热忱，但在经验方面会有所欠缺，往往会分不清工作中的轻重缓急。

就业小技巧

分清职场中的轻重缓急

有时候，你会发现忙了一整天，却好像什么都没有做好，到头来还有不少重要的事情没来得及完成，效率极为低下。这是没有将手头上的工作分清轻重缓急处理的缘故。

毛泽东主席曾用“牵住牛鼻子”生动形象地比喻做事要抓住重点。工作中，我们要先处理重要性最高又最紧急的事务，排除次要事务的牵绊。如果不断地被一些次要事务所干扰，那么多数重大目标就无法达成。

想告别“忙乱”，就要从强化职场生活中的“时间意识”和“分配意识”做起，将事情按轻重缓急区分，然后依次进行排序。这里介绍一下 NTL 工作分类法。不管你现在手头上的工作有多急多杂，基本上可以按照 NTL 分类法分为三类。第一类是 N——Now，即你现在必须马上处理的工作；第二类是 T——Today，即你应该今天完成的工作；第三类是 L——Later，即可以明天完成的工作。这样分类后，你会发现，看似繁杂无头绪的工作变得井井有条了。

分清轻重缓急后，还要有行动力，克服“拖延”心理。工作中，可以给自己制定时间目标，向上司或周围同事作出完成时间的保证，让他们监督自己，杜绝偷懒。另外，也可以试着与身边勤奋的同事多接触，让自己受到积极环境的影响，产生更多工作的动力。

学会拒绝

你是否不好意思拒绝别人？是不是自己明明很难办到，但也勉力而为？其实，超出自己能力范围或违背自己意愿的要求是可以拒绝的。我们有拒绝的权利。

但是，拒绝不是冷冰冰的，它需要一些技巧。学会委婉地拒绝同样可以赢得周围人对你的尊敬。

（1）保持简单回应。如果你要拒绝，可采取坚决而直接的方式。如：“对不起，这件事我帮不上忙”“感谢你看得起我，但现在不方便”。也可以用你的身体语言强调不。但你不需要为拒绝而过分道歉。

（2）给自己一些时间思考。“让我考虑一下”，给自己时间思考，考虑你的选择，考虑拒绝的理由，让自己更有信心地回答。

（3）谈自己的难处或顾虑。“我很乐意帮忙，但是……”，表达自己的诚意，坦诚也有办不到的难处。

（4）推荐别人。“这个忙我无能为力，你可以找……”，当发现自己帮不上忙，某个人有能力解决，可以推荐给对方。

（5）表达拒绝而非排斥。“我愿意为你效劳，只是这个忙我帮不上”，拒绝的时候明确告诉对方我不是排斥他，只是这件事办不到。通常人们都会明白，你有拒绝的权利，就像是他们有权利要求帮助。

活动园

生命的大石

步骤一：老师给学生展示活动材料，两个大玻璃瓶、一些大石头、玻璃球、沙子和水。

步骤二：请同学们思考，如何将这些材料全部放入大玻璃瓶内？请两位同学上台演示，看哪位同学放进玻璃瓶内的材料最多。

步骤三：分组讨论，集思广益，然后请两位同学上台演示。

步骤四：请其他同学评论刚才两位同学的装瓶方法，讨论是否还有更好的方法。

【活动目的】

这个活动包含着丰富的寓意，大玻璃瓶就像是我们的时间，大石头是对我们最重要的几件事情，玻璃球、沙子和水是不重要的但是通常会去做的事情。做事情要分清轻重缓急，要学会安排做事情的顺序。

你处理问题的能力强吗

一些日常生活中的琐事，看起来无关紧要，可是与你处理问题的能力紧密相关，请做下列试题，自测一下。假如题中所出现的情况对你来说尚未发生过，则按你将来会处理那些问题时的方法去选择。

1. 生日、结婚纪念日等，这些看来你不可避免地要花钱时，（　　）。

A. 告诉对方不要通知自己，这样便可以不买礼物了

B. 只送礼物给那些你认为是重要的人

C. 经常收集一些小的或比较奇特的礼物来应付这些情况

2. 你和别人发生矛盾或纠纷不得不去法院参加诉讼时，（　　）。

A. 对去法院的焦虑和不安使你失眠了

B. 暂时把它忘却，到出庭时再设法去应付

C. 这是人生中难免要发生的事件之一，并不怎么重要

3. 你房间里的家具被水管漏水给损坏时，（　　）。

A. 你非常不高兴，不停地抱怨着

B. 你想借此不交房租，并写了批评信

C. 你自己擦洗、修理，使家具复原

4. 你和邻居发生了争执，而毫无结果时，（　　）。

A. 把它忘了

B. 请来律师讨论怎样诉讼

C. 出门散步来平息你的愤怒

5. 生活中的各种压力使你和爱人变得易怒时，（　　）。

A. 你想尽量不钻牛角尖，设法避免引起争吵

B. 设法向第三者倾诉自己的感情

C. 坚持和爱人一起讨论，研究解脱的办法

6. 一位好友将要结婚，依你看，他们的结合将会是痛苦的，（　　）。

A. 设法使自己认为还有时间会改变计划的

B. 不必着急，因为还有时间会改变计划的

C. 认真地给那位朋友进行解释，耐心地阐述你的观点

7. 你的能力得到承认，并得到了一个重要工作时，（　　）。

A. 想放弃这种机会，因为这种工作的要求太高

B. 怀疑自己能否承担起这项工作

C. 仔细分析这项工作的要求，做好准备，设法把它干好

8. 你的亲友在事故中受了重伤，当你得知这个消息时，（　　）。

A. 叫来医生，要求服镇静药来度过以后的几小时

B. 抑制住自己的感情，因为你还要告诉其他亲友

C. 听到消息便失声痛哭

9. 每逢节假日，你和爱人总要为去看望谁的父母而发生争吵时，（　　）。

A. 认为最公正的办法是，不和家人共聚，以减少麻烦

B. 制订计划，不分情况，平分秋色，每个节假日都要和家中的各个成员共度

C. 决定在重要的节假日里和你的家人团聚，而在其他节假日里则与爱人的家人共度

10. 当你感觉身体不舒服时，（　　）。

A. 拖延着不去就诊，认为慢慢会好的

B. 自己诊断一下便知道得了什么病

C. 鼓足勇气，把这种情况及时告诉家人，然后去医院检查

请对照下面的评分方法，计算出你的得分为________。

【评分方法】

选 A 项得 1 分，选 B 项得 2 分，选 C 项得 3 分。

【结果分析】

15 分以下：你面临问题时，不要让你的想象力冲昏头脑。

15～25 分：你处理问题稍有点迟疑，不要做出那些会使你以后为难的决定，从一开始就要面对现实。

25 分以上：你处理问题能力很强，做出的决定能从实际情况出发。

行动建议

每日六件事

将今天自己重要的事和紧急的事情进行排序，把最重要的 6 件事写在下面，用数字表明每件事的重要次序。在自己的黄金时间做第一件事，直至完成或达到要求，然后再开始完成第二件事、第三件事……每天都要这样做，养成习惯。

____

____

____

____

____

____

____

课后阅读

果断放弃你人生的那 7%

美国保险巨头法兰克·毕吉尔刚从事保险推销工作的时候，也不是一帆风顺。

当他充满激情、对未来充满抱负、渴望在保险业里大展身手的时候，他却遭遇了自己从业以来的第一个工作“瓶颈”问题，并被它牢牢困住。

他想让自己的业绩得到迅速的提升，于是他起早贪黑地出去跑业务，并使出浑身解数说服客户购买他推荐的保险。为了争取到每一个可能成交的业务，他经常几次三番登门拜访。可令他沮丧的是，一切的努力却收效甚微——虽然他付出了比往常多几倍的汗水，可他的业绩并没有比原来有多大的提高。

那段时间，他异常沮丧，整天郁郁寡欢，对前途丧失了希望，甚至想要放弃这个充满挑战的职业。

一个周末的早晨，从噩梦中醒来的他，仍然有些沮丧和不安。不过很快，他就平静下来。

他开始认真思考解决问题的办法。

他不断地问自己：为什么最近自己会那么忧郁？问题到底出在什么地方？平日里工作的情景，很快闪现在他的脑海里：许多时候，在他多次登门拜访，百般努力下，客户终于答应购买他的保险，但在最后的关头，客户常常反悔，并说："让我再考虑考虑，下次再谈吧。"这样，他不得不沮丧地离开，再花时间去寻找新的客户。

怎么办才能很快地把自己从沮丧中拯救出来呢？他在飞快地思考着。

当他没有想到更好办法的时候，他开始随手翻阅自己一年来的工作笔记，并进行细致深入的研究——希望从中能够找到答案。很快，他就发现了问题的症结所在。一个大胆的念头在他脑海里闪现，令他自己都有些震惊。

之后的日子里，他一改往日的工作方法，开始采用新的推销策略进行工作。结果令他大吃一惊，他创造了一个奇迹——在很短的时间内，销售利润提高了近一倍。

凭着自己出色的智慧和独特的推销策略，法兰克·毕吉尔迅速成长为保险业内的巨头。

后来，法兰克·毕吉尔向世人公开了自己成功的秘诀。原来，当年他在自己的工作日志中发现了这样一组奇特的数据，从而改变了他的工作策略：在他一年所卖的保险业绩中，有70%是第一次见面成交的，有23%是第二次见面成交的，只有7%是在第三次见面以后才成交的。而他实际上花费在那7%业务上的时间，几乎占用了他所有工作时间的一半以上。

于是，他采取的新推销策略是，果断放弃那7%的利益，不再为它的诱惑所动。这样，他就可以腾出大量时间用于新业务的拓展。于是，他成功了。

成功有时候就这么简单——果断放弃你人生的那7%！

资料来源：齐管．果断放弃你人生的那7% [J]. 意林文汇，2014 (12).

第四节　主动赢得机会

学习目标

1. 认识工作态度在职场中的重要性。
2. 培养积极主动的工作态度。
3. 提高适应社会的能力。

职业角

案例

小王去应聘一个会计职位，由于有相关工作经历和较高的职称，小王的竞争对手们纷纷被淘汰，最后只剩下一个其貌不扬的应聘者与小王去迎接最后的面试。

单位的会计主管接待了他们，主管拿出一堆账本，让他们两个人统计一下某个项目的年度收支情况。小王想，这有什么难的？但他还是认认真真地把每个数字加加减减。不到一个小时，小王便完成任务了。10 分钟后，竞争对手也完成了。最后，他们的“考卷”被拿去了总经理办公室。

结果却是小王没有被录取，小王大吃一惊，而且颇为恼火。为什么呢？会计主管的回答是这样的：“你没有做月末统计，而他不但做了，还做了季度统计。”小王问：“不是只要年度统计吗?”主管笑道：“是啊，但年度统计数据应该从每月合计中得出——这不算什么会计学问，但反映了做会计的严谨态度。你们的能力相当，所以，我们最后关注的就是个人的工作态度了。”

点评：在企业中，我们可以看到形形色色的员工。每个员工都有自己的工作态度，有的勤勉进取，有的悠闲自在，有的得过且过。而工作态度往往会决定工作成绩。

就业小技巧

不同工作态度的人生

态度是心理学的名词，是一种稳定的心理倾向。我们总说，有什么样的态度，就有什么样的人生。在企业中普遍存在着三种不同工作态度的人生。

第一种人生是安于现状、坐等退休。他们不迟到、不早退、不旷工，每天就只是按部就班地工作，“当一天和尚撞一天钟”。工作对他们来说就是谋生的工具，维持物质生活。面对别人的晋升，他们总能自我安慰，寻找心理平衡。

第二种人生是满腹牢骚、悲观失望。他们对什么都看不惯，对什么都能挑出毛病。工作的种种都让他们觉得不顺心，他们不停地向周围人抱怨，找不到工作的乐趣。他们觉得自己得不到发展，是因为生不逢时，客观条件限制了他们。

第三种人生是积极向上、热情乐观。他们每天忙忙碌碌，但却乐呵呵、精神饱满，对上级交代的工作不推辞，总是努力做到最好。他们遇到困难不会束手无策，而是积极地寻求解决的办法，并用积极乐观的情绪感染他人。

哪一种人生是你期望的未来？第三种人生无疑晋升的机会更大，因为他们的人生掌握在自己手中。人们在工作中的竞争不仅仅是在能力和智力上，也在态度上。积极主动的人，赢在了开始；工作中主动付出，走在前面，赢得了机会；主动承担，做得更多，赢得了尊重。不管你在什么地方工作，你的态度都决定了你成就的高度。那些有能力但态度不好并总抱怨公司没有给机会的员工根本不知道，态度其实也是一种能力，一种比技术、知识更重要的能力。

如何培养积极主动

1. 积极关注想要和已经拥有的；
2. 远离被动的习惯，从小事做起；
3. 训练自己区分事实和观念的能力；
4. 积极尝试，邂逅机遇；
5. 充分准备，积极争取；
6. 积极努力，创造机遇。

活动园

测试：你是一个积极主动的人吗

请对下列问题做出“是”或“否”的选择。

1. 碰到熟人时我会主动打招呼。
2. 我常主动写信给友人表达思念。
3. 旅行时我常与不相识的人闲谈。
4. 有朋友来访我从内心里感到高兴。
5. 没有他人引见时我很少主动与陌生人谈话。
6. 我喜欢在群体中发表自己的见解。
7. 我同情弱者。
8. 我喜欢给别人出主意。
9. 我做事总喜欢有人陪。
10. 我很容易被朋友说服。
11. 我总是很注意自己的仪表。
12. 如果约会迟到我会长时间感到不安。
13. 我很少与异性交往。
14. 我到朋友家做客从不会感到不自在。
15. 与朋友一起乘公共汽车时我不在乎谁买票。
16. 我给朋友写信时常诉说自己最近的烦恼。
17. 我常能交上新的知心朋友。

18. 我喜欢与有独特之处的人交往。

19. 我觉得随便暴露自己的内心世界是很危险的事。

20. 我对发表意见很慎重。

请对照下面的评分方法，计算出你 1～5 题的得分为________，6～10 题的得分为________，11～15 题的得分为________，16～20 题的得分为________。

【评分方法】

第 1、2、3、4、6、7、8、9、10、11、12、13、16、17、18 题答“是”计 1 分，答“否”不计分，第 5、14、15、19、20 题答“否”计 1 分，答“是”不计分。

【结果分析】

1～5 题的分数说明交往的主动性水平，得分高说明交往偏于主动型，得分低则说明交往偏于被动型。

6～10 题的得分表示交往的支配性水平，得分高表明交往偏向于领袖型，得分低则说明交往偏向于依从型。

11～15 题的得分表示交往的规范性程度，得分高意味着交往讲究严谨，得分低则表示交往较为随便。

16～20 题的得分说明交往的开放性程度，得分高说明偏于开放型，得分低则意味着倾向于闭锁型，如果得分处于中等水平，则表明交往倾向不明显，属于中间综合型的交往者。

由于人的气质、个性等特点不同，表现在人际关系中也有不同的类型。正如不同气质类型的人适合做不同工作，不同人际关系类型的人所适合的工作也不同。

主动型的人在人际交往中总是采取积极主动的方式，适合于需要顺利处理人与人之间复杂关系的职业，如教师、推销员等。被动型的人在社交中则总采取消极、被动的退缩方式，适合不太需要与人打交道的职业，如机械师、电工等。

领袖型的人有强烈的支配和命令别人的欲望，在职业上倾向于管理人员、工程师、作家等。依从型的人则比较谦卑、温顺，习惯于服从，不喜欢支配和控制别人，他们愿意或适合从事那些需要按照既定要求工作的、较简单而又比较刻板的职业，如办公室文员等。

严谨型的人有很强的责任心，做事细心周到，适合的职业有警察、业务主管、社团领袖等，而随便型的人则适合艺术家、社会工作者、社会科学家、作家、记者等职业。

开放型的人易于与他人相处，容易适应环境，适合会计、空姐、服务员等职业，闭锁型的人适合的职业有编辑、艺术家、科学研究工作等。

行动建议

主动、被动对对碰

四人为一小组，发挥集体智慧，找出主动的优点和被动的缺点。

主动可以让我________________，而被动会让我______________________________；

主动可以让我________________，而被动会让我______________________________；

主动可以让我________________，而被动会让我______________________________；

主动可以让我________________，而被动会让我______________________________；

主动可以让我________________，而被动会让我______________________________；

主动可以让我________________，而被动会让我______________________________；

主动可以让我________________，而被动会让我______________________________；

主动可以让我________________，而被动会让我______________________________。

课后阅读

中国青年五四奖章获得者苏炳添：为了0.01秒的提升，付出100%的努力

北京时间5月19日，国际奥委会正式宣布，中国男子4×100米接力队递补获得东京奥运会铜牌。作为中国队的主力选手，短跑名将苏炳添在自己的第三次奥运之旅中终于收获了一枚宝贵的奖牌。他通过视频发表"获奖感言"：这枚奥运奖牌属于全部中国短跑人！

从2015年首次闯入10秒大关，到东京奥运会男子100米半决赛跑出9秒83，进入决赛。在追求卓越的路上，33岁的苏炳添从未停下前行的脚步。无论是百米跑道上的中国"飞人"，还是校园里传授跑步技巧的体育教师，在不同的"赛道"上，他都在奋力奔跑。

赛场没有一帆风顺，但他总能越挫越勇

北京时间7月16日上午，俄勒冈世界田径锦标赛男子100米预赛开赛，苏炳添第六次踏上世锦赛的赛场。7年前的国际田联钻石联赛美国尤金站，正是在同一块场地内，他跑出9秒99的成绩，成为首位闯入10秒大关的中国男子百米选手。

突破10秒大关之后，苏炳添又在2018年跑出9秒91，追平了男子100米亚洲纪录。东京奥运会上，他又将亚洲纪录大幅提升至9秒83，并成为首位闯入奥运会男子百米决赛的亚洲选手。为中国田径多次取得突破的同时，他也频频在大赛上带来惊喜：2015年世锦赛上，他和队友夺得男子4×100米接力亚军；2018年亚运会上，他战胜各路高手，为中国体育代表团夺得宝贵的男子100米金牌。

荣誉并非苏炳添职业生涯的全部，在困难中越挫越勇，书写着他运动人生的另一个

侧面。伤病时有发生，其中包括几次严重的大伤，但每一次他都能从挫折中走出，重返巅峰。赛场上也并非一帆风顺，2013 年莫斯科世锦赛男子 100 米半决赛中，苏炳添因抢跑被罚下，导致他一度对发令枪响有了心理阴影。但苏炳添并未退缩，反而迎难而上，终于将起跑磨炼成自己的优势。

“有一天我独自走到运动场，站在跑道前，问自己是不是真的跑不动了?”2019 年的一次重伤后，苏炳添一度想过放弃，“内心很快就有了答案，我还能跑，只要克服伤病，依然可以飞起来!”勇往直前的拼搏精神始终为他的运动生涯提供动力。

对技术细节有着近乎苛刻的追求

俄勒冈世锦赛上，苏炳添连续第五次闯入世锦赛男子 100 米项目的半决赛。对短跑运动员来说，成绩每提升 0.01 秒都需要 100%的付出，苏炳添更是对技术细节有着近乎苛刻的追求。

苏炳添随身携带的小卷尺，早已不是什么“秘密武器”。无论是赛前训练还是比赛时，他都会拿出小卷尺仔细测量，认真寻找摆放起跑器的最佳位置。经年累月地总结经验、学习研究，苏炳添不断“精雕细琢”自己的跑步技巧，提高训练效率，提升赛场成绩。

2022 年 4 月，苏炳添在《人民日报》撰文《科学训练让我不断突破》，介绍自己在东京奥运会上打破亚洲纪录的“秘诀”。“通过学习研究，我发现要提高成绩，必须解决自己之前存在的股后肌群力量和踝关节力量不足、主动下地速度和发力速率偏慢、起跑姿势不合理等问题，于是我把起跑脚从左脚改到右脚。这对运动员来说是一个非常重大的决定，最终让我实现了突破，取得了成功。”苏炳添写道，“此外，脚踝下压、摆臂技术等的优化调整，也是我在不断学习总结中逐步形成的。”

“中国竞技体育的高质量发展离不开科学训练这一关键动能。”苏炳添说。除了在训练场上挥汗如雨，不断研究课题、提升科学训练的知识和理论水平也是他平日训练备战的重要内容。近年来，苏炳添在训练之余，还几次在学术期刊上发表论文。在学习、训练中不断对技术进行钻研，帮助他多年来保持出色的竞技水平，不断为中国田径创造优异成绩。

分享经历经验，帮助更多年轻人

除了中国国家田径队运动员的身份，苏炳添目前还是暨南大学体育学院的教师。在赛场上，他激励中国运动员们披荆斩棘、勇攀高峰；在校园里，他则致力于传道授业，尽力将自己的本领和知识传递给更多人。

“在接触地面的时候，脚往上直接拉，再往下，这样或许就可以节省 0.01 秒……”第十四届全运会之后，结束了一年比赛任务的苏炳添回到校园，讲了一堂别开生面的跑步分享课。从全身运动系统的灵活性练习，到跑步的专项协调性训练，面对充满热情的学生，苏炳添一丝不苟、倾囊相授。

2021 年年底，苏炳添速度研究与训练中心在暨南大学揭牌，以田径训练的前沿技术为主攻方向。2022 年教师节前夕，苏炳添向暨南大学捐赠 100 万元，用于培养高水平运动员。为体育强国建设贡献一分力量是他的目标，“我将继续坚持在跑道上探索自己的可能性，也会尽力用自己的人生经历和赛场经验帮助更多学生，让他们接受先进的短跑训练”。

在自己的“主赛场”——田径赛道上，是否还能带来惊喜？至少他从未放弃过努力。“我没有离开跑道，因为我看到了继续突破的可能。虽然很艰难，但我会继续坚持。”苏炳添说。

展望未来，苏炳添表示，在 2023 年杭州亚运会的接力赛场上，希望能与队友共同拼搏，争取收获佳绩。

奋斗的脚步，永不停歇。

资料来源：刘硕阳．男子短跑运动员苏炳添：为了 0.01 秒的提升，付出 100%的努力（奋斗正青春）[N]. 人民日报，2022－09－23.

第三篇

就业规划

第七章 规划未来的职业发展

本章旨在让学生通过学习，学会了解自己，寻找适合自己的职业，合理规划自己的未来。

建议教师在指导学生学习本章时，和学生一起共同深入探讨案例，充分利用案例对学生的启迪作用。

第一节 职业生涯开发

学习目标

1. 感受职业生涯规划的重要性。

2. 根据职业生涯发展内、外部条件确定实现发展目标的有效方法。

3. 根据社会发展需要和自身特点进行职业生涯规划，在实践中养成良好的职业行为习惯。

职业角

案例

阿明毕业后两年就在一家知名报社担任新闻版主编，他将自己的成功归因于大学“做对了四件事”。

第一件事是考入大学时，他有两个选择：一是努力学习，然后回到家乡小镇做老师；二是另寻出路，留在城市。阿明选择了后者，他为自己确定了奋斗目标。

第二件事是大学期间，阿明发现自己的长项和爱好并不在于教书，他比较喜欢文字工作，比如写新闻。他发现了自己的长项，很好地认识了自己。

第三件事是打好了中文专业基础，充分利用学校的院报、广播台等资源来锻炼自己。

第四件事就是做早起的“鸟儿”。阿明从大一开始就去报社实习。四年里实习了五次。通过几次实习，他积累了大量的人脉资源，获得了新闻实战的经验，这也帮助他顺利找到工作。

点评：阿明的职业发展无疑是成功的，并且他的经历让我们看到成功背后的必然性。或许，用心的你已经醒悟：效仿阿明的职业规划，拿到心仪的工作不过是水到渠成的事。

就业小技巧

如何进行职业生涯开发与规划

步入中职，我们已经选择了自己的专业，这是个人职业生涯的起步阶段。如何进行职业生涯的开发与规划？通过第一年学习“职业生涯与心理健康”这门课，有不少同学对于未来的职业已经有了大致的方向。接下来，我们即将开始自己的职业生涯开发与规划，以下是我们需要着重考虑的。

一、确定职业目标

我们需要明确自己的职业目标。有一句谚语是这样说的：如果你不知道你要到哪儿去，那通常你哪儿也去不了。你要考虑未来你想朝哪个方向发展，是专业技能方向、行政管理方向还是自主创业方向。同时，充分考虑自己的兴趣、技能和价值观，找到自己的兴奋点和兴趣所在，让你的职业生涯更加快乐有趣，也更容易取得成功。

二、制订计划并及时进行调整

确定了职业目标，就需要制订实现这些目标的计划。一个完善的计划要包括确定需要获取的技能和经验、建立人际关系、寻找工作机会等，同时，在计划中要设定合理的阶段性目标、具体行动措施。

阶段性目标将职业生涯计划分解为具体的“里程碑”，能够有效跟踪进展并评估是否需要调整计划。它可以是完成特定项目、获得特定职位、获得特定技能等。我们需要定期评估自己的职业生涯进展，检查是否达到“里程碑”并朝着职业目标迈进。同时，也要关注行业趋势和职业发展机会，以便及时调整计划。如果发现原计划需要调整，不要犹豫，及时调整计划可以帮助你更好地应对变化并实现职业目标。这可能涉及改变工作重点、寻找新的机会或改变发展策略等。

三、建立有效的人际关系，寻求反馈

人际关系在职业生涯中起着重要作用。建立与他人的联系可以帮助自己获得新的工作机会、资源和信息。我们需要寻找与本行业相关的人士，与他们交流、建立联系并保持联系。另外，寻求他人的反馈是职业生涯开发与规划的重要部分。我们的同事、导师或行业专业人士可能会提供有关你职业发展的有益建议和指导。

四、保持灵活，学会终身学习

职业生涯规划并不是一成不变的，需要保持灵活并随时准备应对变化。随着时间的推移，社会环境、职业目标和兴趣可能会发生变化，因此我们要不断调整自己的计划。社会不断发展变化，职业生涯发展也是一个持续不断的过程，我们需要不断学习和提升自己的技能，通过参加培训课程、研讨会或在线学习，以更新和提升与行业相关的知识和技能。

活动园

撕思人生

1. 在一张白纸条上画一条长线段。起点上写上你的出生日期和年龄（0 岁），在终点上标注出你自己预测的死亡年龄。

2. 在线段的适当位置上标注出你现在的年龄，并将这之前的线段撕下来。

3. 在剩下的线段下写出你认为今后的人生中最迫切想要实现的三件事。

4. 在线段的适当位置标注上你想功成名就的年龄，然后将这以后的线段撕下来。

5. 剩下的部分有多少？你手中拿的这段时间是什么？有多少？（我们可以用来努力学习和工作的时间）

图示如下：

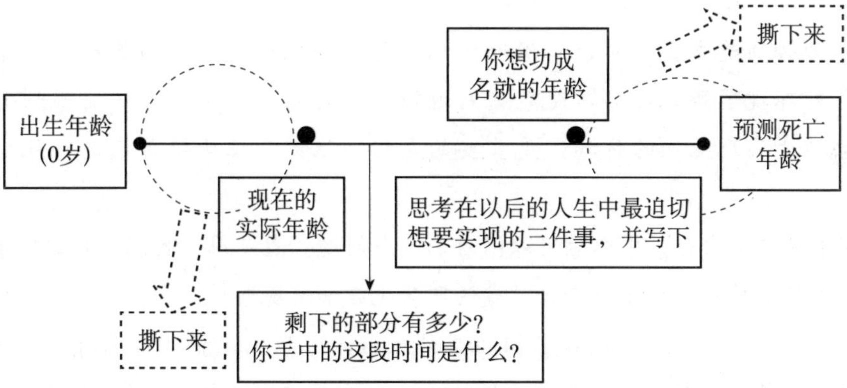

行动建议

组织全班同学分组进行 MBTI 职业测试，然后让每个人把测试结果和小组同学分享，互相提出建议或意见，扬长避短，总结适合自己的职业，并根据结果完成职业规划大体步骤。

课后阅读

中职生如何做好职业规划

职业规划是一个人对自己一生的职业发展道路的设想和规划，是对个人职业前途的展望，是实现职业理想的长远计划。做好职业规划对中职生来说具有非常重要的意义。

哈佛大学曾经做过这样的跟踪调查：对智力、教育、环境条件相近的毕业生进行了职业目标调查，并在25年后再次对这批学生进行跟踪调查，结果是27%的没有目标的学生，在25年后对生活非常不满意，并且经常抱怨他人、社会剥夺了他们的机会；60%的目标模糊的学生，在25年后过着平静的生活，做着平凡的工作，他们都没有什么特别的成就，而且几乎都生活在社会的中下层；10%的目标明确但目标相对短期的学生，在25年后成为各个领域的专业人士，他们中大多数都生活在社会的中上层；3%的有明确的长期目标的学生，在25年后几乎都是各个领域的成功人士，其中不乏行业领袖和社会精英。这个调查告诉我们，设定目标很重要。没有目标，人就会失去方向和动力，一生都会在抱怨、无所事事中度过。

设定职业目标固然重要，但只有规划好、实践好，才能真正将其变为现实。当然，成功的职业规划还要根据自己的专业、兴趣和性格等，最大限度地实现自我价值。

中职生的职业生涯规划可以从以下5个方面展开：

第一步，了解自己。

我们今天站在哪里也许不重要，重要的是我们下一次应该站在哪里。有效的职业生涯规划必须建立在全面、正确地认识自身条件和相关环境的基础上。中职生对自己和所处环境了解越透彻，越能更好地规划自己的职业生涯。职业规划的目的不仅是帮助学生实现他们的目标，更重要的是帮助他们真正认识自己，让他们进行自我评估。

为了准确了解自己，中职生可以问自己5个问题：我是谁？我想做什么？我会怎么做？我的条件支持和允许我做什么？我的职业生涯如何规划？

在回答了这5个问题并找到它们的共同点后，中职生就能对自己有一个清晰的认识。如果有兴趣，所有学生都可以来尝试一个方法：首先，取出5张纸、1支铅笔和1块橡皮，将以上5个问题分别写在纸上，然后安静地、不受干扰地、有条不紊地仔细思考每个问题。

第二步，明确自己的目标和梦想。

制定目标是职业生涯规划的关键，而有效的职业生涯规划需要实事求是的目标来消除不必要的犹豫和分心。简单地说，就是自己希望在多少年内实现什么目标，然后一步步推进。目标的设定应基于学生本人综合条件，如能力、兴趣等。

第三步，制定行动方案。

正如一场战斗需要一份作战计划一样，有效的职业生涯设计也需要一份可以实施的战略计划。中职生的职业方向选择通常需要考虑三个问题：我想去哪里？我能去哪里？我为何去那里？

第四步，停止做梦，开始行动。

现在就采取行动，这是所有职业生涯规划中的步骤之一，因为这意味着学生必须停止幻想，开始行动。如果动机没有转化为行动，目标就只会停留在梦想阶段。职业规划的成功人士都有明确的职业目标，然后在求职过程中不断地向该目标靠拢。

第五步，调整自己的计划。

影响职业规划的因素有很多，有时候计划跟不上变化。有些变化因素对学生来说是可以预测的，有些是不可预测的。有效的职业规划要求学生不断评估职业计划，修改职业目标和职业策略，并使计划适应环境的变化。

总之，合理的职业规划有利于帮助学生明确目标，扬长避短。成功的职业生涯规划需要审视内部和外部环境的变化，调整自己前进的步伐。而中职生可以在不同的时间、不同的情况下对其进行改变，使其更加符合自己的现实情况。

资料来源：杨家飘．中职生如何做好职业规划［J］．江西教育，2023（5）．

钟南山：医中勇士，患者铠甲（节选）

白鼠“饲养员”的医生梦

1936 年 10 月，钟南山生于南京中央医院。因医院地处钟山以南，父亲钟世藩为他取名“南山”。次年冬，钟南山随家人西迁至贵州贵阳。

钟南山的父亲钟世藩是我国著名儿科专家，毕业于北京协和医科大学，曾任南京中央医院儿科主治医师，中华人民共和国成立后成为广州中山医科大学一级教授。

家庭环境的熏陶，成就了钟南山的职业理想。为研究乙型脑炎病毒的培养和分离，钟世藩自费买来小白鼠在自家书房做实验。家里的三楼全是老鼠，幼年的钟南山每天都要去喂小白鼠。

1946 年，钟家迁至广州，钟世藩任广州中央医院院长兼儿科主任。钟南山从小耳闻目睹父亲和其他医生对病人的态度及做法。深夜，也有家长带着孩子到家里看病，孩子康复后，家长非常高兴，钟世藩也很开心。

“我觉得当医生能给别人解决问题，会得到社会的尊重，有很强的满足感。”钟南山回忆往昔说。

1955 年，钟南山以优异成绩考入北京医学院（现北京大学医学部）医疗系。大学里的钟南山，不仅是一名“学霸”，而且是名“活跃分子”，积极参加各种文体活动，田径、游泳、篮球、举重都是他的至爱。钟南山对体育运动的酷爱，也为他带来了人生伴侣李少芬。在一位朋友家里，钟南山认识了当时国家女子篮球队队员李少芬。两人一见如故，此后，在学业上互相帮助，在球场上互相鼓励，最终喜结连理。

1969 年，钟南山参加下乡医疗队，来到河北宽城，遇到病人却束手无策。作为医学毕业生，钟南山很自责。1971 年，钟南山离开北京，到广州第四人民医院（现广州医科大学附属第一医院）成为一名医生。

中国学者的赤子心

到医院工作不久，钟南山将一位咳出黑红色血的病人误诊为结核病，次日发现是消化道呕血，病人险些丢了性命。这件事刺激了钟南山，他开始付出从未有过的努力。

1978 年，第一届全国科学大会在京召开，钟南山作为广东代表参会。他与副教授侯恕合写的论文被评为国家科委全国科学大会成果一等奖，也因此获得赴英国爱丁堡大学深造的机会。

1979 年 10 月，年过不惑的钟南山远渡重洋。在爱丁堡大学，钟南山从巡查病房等点滴做起，白天参加查病房，参观皇家医院各系的实验室，晚上泡在资料室“加班充电”。

在英国求学期间，钟南山对呼吸系统疾病的防治研究取得 6 项重要成果，完成 7 篇学术论文，其中有 4 项分别在英国医学研究学会、麻醉学会及糖尿病学会会议上发表。回国前，爱丁堡大学极力挽留他，但钟南山说：“对自己祖国的热爱，不仅出自血浓于水的感情，更源自对祖国深厚文明底蕴的理解和骄傲。”1981 年 11 月 18 日，钟南山从伦敦飞回祖国。

记者手记

光看外表，您绝对想不到，钟南山先生今年已八十有三。对此，他开玩笑自诩是“80 后”。

耄耋之年，本该含饴弄孙，他却仍然坚守一线，可见他对医疗事业的热爱与赤诚。每周四下午，他在广州医科大学附属第一医院呼吸科出门诊，经常工作到晚上 7 点多；每周三上午，他会出现在病房，带着学生查房、会诊，常常忙到中午 12 点多……此外，他还继续科研、出差开会，马不停蹄。雷打不动的是，他坚持每周锻炼 3 次以上，每次锻炼约 1 小时，“运动对我保持身体健康起到了关键作用，自己身体不行，何谈治病救人?”

至于传承衣钵的年轻人，他坦言：“年轻人有理想，更要有梦想；有要求，更要有追求；有志气，更要能争气；有热情，更要有激情。要知道，病人的信任是医生最大的动力，病人的康复是对医生最大的鼓励。”

资料来源：付鑫鑫．钟南山：医中勇士，患者铠甲［N］. 文汇报，2019-09-09.

第二节　职业资源整合与规划调整

学习目标

1. 了解身边可利用的职业资源与机遇。
2. 学会根据具体情况调整职业生涯规划。
3. 培养职业精神。

职业角

案例一

湖南凤凰县的张某，将家乡山上人们认为“一钱不值”的野花野草，经过处理加工后做成书签卖到深圳，2014 年一年就赚了 30 万元，而在广东打工十多年，他加起来赚到的钱也不到这一年的 1/5。

点评：一件商品在这个地方是人们很熟悉的东西，甚至是日常消费用品，换个地方则成了人们不熟悉的新东西，甚至会成为热销商品。所以要学会发掘商机。

案例二

学电脑艺术设计的娟娟，在校时给自己定的发展目标是从当平面设计员起步，往成为一流的电脑美术设计师的方向努力。由于性格外向，娟娟还特别注重性格的调适，以适应平面设计师的职业需要。父母对她的规划很满意，认为这是一份适合女孩子的工作。

毕业时，不但是三好学生，还被评上优秀学生干部的娟娟，引起一家报社的注意，报社把她安排在广告部做平面设计。娟娟为自己顺利迈上规划中的第一个台阶而高兴，在广告设计的岗位上认真地工作。可是刚干了一年多，报社由于急需拓宽广告市场，让娟娟改做广告业务。父母有些顾虑，认为拉广告比较辛苦，收入也不稳定，女孩子从事这个工作可能不合适。

娟娟反复斟酌，觉得广告业务不同于广告设计，面对的是人，自己性格外向、独立性强，而且有广告平面设计的底子，联系业务时能领会广告客户的意图，一定能比没学过电脑艺术设计的人有优势。再说有了广告业务的经历，能更好地揣摩客户需求，对将来成为一流的电脑美术设计师也很有帮助。娟娟不但愉快地走上了新岗位，而且当年经手的广告业务达 600 多万元，成了报社里小有名气的人物，个人收入也大大提高了。

点评：从广告设计到广告业务工作的转化，娟娟既保持了专业学习的优势，又选择了适合自己性格特点的方向，在新岗位上如鱼得水。

职业生涯规划并非是一成不变的，要随着社会时代的需要、自身情况的发展变化及时进行调整。

就业小技巧

调整职业生涯规划的时机

调整职业生涯规划的时机非常重要，它可以帮助我们更好地应对职业发展中的挑战和机会。作为中职生，在进入职业学校初期要对未来的职业生涯进行预设和规划，但是由于对现实社会和就业市场了解得并不够，就业以后，这些预设和规划会显得滞后，因此职业生涯规划要保持与时俱进。

第一个调整职业生涯规划的最佳时期是毕业前夕。在实习期，根据实习体验，我们增加了对就业市场供需的关注，逐渐从“校园人”向“职业人”转换。这个时期的调整，应该侧重于近期目标的调整。

第二个调整职业生涯规划的时期一般是从业初期的1～3年。在充分认识自我的基础上，从工作的角度出发，我们可以进行调整，尤其是已经有了一定从业的经验和实践，或者获得新的技能和能力，有了更多的职业选择和发展机会，因此可能需要调整职业规划。

第三个调整职业生涯规划的时期是在职业发展逐渐成熟前期，一般是工作5～8年。这时，可能有特定的职业发展机会出现在你面前，例如晋升机会、新项目或新工作地的机会等。如果这些机会与你的职业目标相符，那么就是调整职业生涯规划的时机。

总之，调整职业生涯规划的时机是灵活的，取决于多种因素：行业趋势变化，个人或家庭需求变化，改变工作方式，寻求新的技能，对当前的工作不满意或感到不幸福，对自己的职业目标和价值观进行重新评估等都可能需要调整规划，重要的是保持对职业发展的关注，定期评估自己的职业目标和计划，并根据需要做出适当的调整。

活动园

SWOT 分析

SWOT 是“优势（Strengths）”“劣势（Weaknesses）”“机遇（Opportunities）”“威胁（Threats）”4 个英文单词的第一个字母的组合。

1. 优势：学了什么、做过什么、最成功的是什么、忍耐力如何等；

2. 劣势：性格弱点、经验或经历中欠缺什么、最失败是什么等；

3. 机遇：现在的就业形势、各种职业发展空间、社会最急需的职业等；

4. 威胁：专业过时、同行竞争、薪酬过低等。

请对自己的 SWOT 进行分析，思考 S、O 给你带来什么好处，并对 W、T 提出应对策略。

SWOT分析

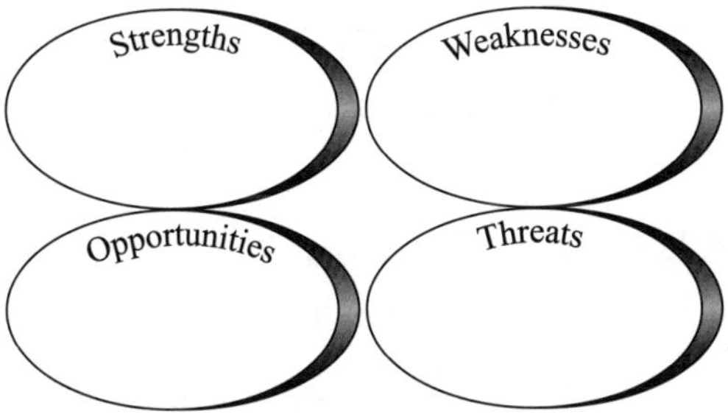

调查后填一填

你的家庭状况对你的职业规划有何影响?	
你所学的专业可以从事的行业有哪些？这些行业的发展状况如何?	
你所在的地区主要优势产业有哪些？你有意在哪个产业中发展?	

行动建议

1. 找一找：利用网络和其他条件，查找本地区发展规划或地区行业发展规划、国家发展规划或与所学专业相关的产业振兴规划。

2. 访一访：利用周末走访本地区与自己所学专业对应的行业代表性企业，或浏览该企业的网页。

3. 评一评：根据你所在地区的经济发展状况，重点调查该地区有哪些特色产业，这些产业目前发展的状况如何，取得了哪些成就，影响其发展的因素有哪些，未来几年将有怎样的发展动向。

4. 问一问：和临近毕业的高年级同学聊聊，问问他们是否制定过职业生涯规划。如果没制定，问问为什么；如果制定了，问问是否想调整，了解一下他们为什么想调整。

课后阅读

有梦想谁都了不起（文明风采获奖作品节选）

陈李玲

我是一个名副其实的“宅女”，周末的时候我就宅家里玩论坛。我所在的论坛，大多数成员是从事物流行业的成功人士，其余一小部分是像我一样正在学习物流管理的学生。一般情况下，我很少在论坛上发言，只是偶尔提出一些有关物流管理的问题，让他们来为我解答。在这里我不仅了解到很多课本上学不到的知识，他们的成功经历也让我很受启发。

我曾经问过一个物流公司的老板：像我这样一个从职校毕业的学生，梦想自己创业是不是有点自不量力、不切实际呢？他告诉我，有梦想谁都了不起，只要肯努力，只要不放弃，就一定能实现自己的梦想。他的话给了我很多的动力和鼓励，让我的目标越来越明确，决心也越来越大。有梦想谁都了不起，的确如此！

确定目标

好的人生离不开好的规划，成功的人生离不开成功的规划及在正确规划指导下的持续奋斗。人生如大海航行，人生规划就是人生的基本航线，有了航线，我们就不会偏离目标，更不会迷失方向，才能更加顺利和快速地驶向成功的彼岸。

老师说确立目标是制定职业生涯规划的关键，我根据自己的兴趣和所学专业，确定向国际贸易和物流实务方面发展，我给自己在校的这段时间制订了计划。

在校期间的目标计划如下：

高一年度学业	1. 充分利用校园环境及条件优势，上课专心听讲，课后加紧复习，因为在校园里系统地学习专业知识的机会是不可多得的。另外，加强锻炼物流工具的操作能力，全面提高个人综合素质。 2. 深入研究物流方面的知识和实务，如果只满足于在班级名列前茅，目光有些不够长远，因此，除了课堂上、实训课上学习的知识，我更要主动自觉地多接触物流实务相关的知识。 3. 获取物流员资格证，职业证书在很大程度上体现一个人的专业素养，并且是初入职场的敲门砖。刚毕业就创办自己的公司无异于痴人说梦，因此我的第一步是做一个有发展前景的学徒。
高二年度学业	1. 努力提高英语口语水平，特别是商务英语。 每天早上 7:00 到校背英语单词，周末到英语图书角和别人交流及沟通，全面提高英语口语的表达能力。参加英语等级证考试，争取顺利通过。 2. 学习计算机的基本理论和知识，能够熟练操作计算机办公软件。在这一学年里我要获得计算机网络一级等级证，同时学习一些现在广泛使用的物流管理专用软件。
高三年度学业	1. 高三学校会组织实习，在参加实习的同时我要开始接触社会，熟悉工作环境，积累人际关系，学会沟通，虚心请教。初步找到适合自身发展的工作环境和职位。 2. 一般在实习过程中，我会接触到仓储、运输、订单处理等终端的操作，不能认为这是“打杂”而不认真做事。因为对将来想成为高级物流策划、管理人才并创办物流公司的我来说，只有对这些基本操作、流程十分熟悉，才有可能让我在以后的大型物流方案的策划或营运上得心应手。可以想象，如果我连运输线路、交通规则甚至堆码方式都不熟悉，怎么可能去合理分配储运资源？ 3. 在实习中，我要找到自己身上存在的不足，从实际、从他人身上学习，以弥补自己的不足之处，另外要不断地补充自己的专业知识。

有时候想到未来，我就会产生一种紧迫感，从整个社会的学历程度来讲，我的学历不占优势；与那些专业学过管理的人相比，我的专业水平有很大差距；与有丰富经验和人生阅历的前辈相比，我就是一只“菜鸟”。唯一的优势就是，我年轻，有目标、有冲劲，但这一点别人也未必没有，所以我要更加严格要求自己，只有具备超强的学习能力，才能在日渐成熟的物流界找到自己的位置。

未来十年的阶段目标

十年时间，说长也不长，弹指一挥间，如果庸庸碌碌很快也就过去了，但是我不想这样，命运要掌握在自己手中。

我的未来人生职业规划如下：

毕业后的前两年（学习实践与积累）	1. 在物流基础职位上工作，积累工作经验。在工作期间，充分利用空闲时间为自己补充所需的知识和技能。 2. 突破传统认识，全面了解现代物流的新理念和运作模式，进一步提高自己对现代物流理念的认识，全面了解现代物流各个环节的业务知识，逐步建立起物流系统的概念，能统筹整个物流运作。 3. 接纳并掌握现代化技术，如RFID的应用。较深刻地理解计算机网络技术，并能在业务中对进行物流信息管理的计算机网络系统提出需求。
毕业后的第3至第5年（中层管理者是目标，除了学习物流专业知识，还要学习管理）	1. 使自己对于物流各个环节的有关技术有一定了解，能够合理使用和调配相关设施和设备。成为企业的一名中层管理者，成功管理自己的下属，加强与上级的沟通，充分利用自己的工作条件扩大社交，重视同事之间的交际，重视和每个人的交往。 2. 在工作中挤出空闲的时间，继续学习英语，报考英语等级考试，考取英语四级证书，努力不被时代的脚步甩开。 3. 掌握一定的成本会计知识。物流最直接的定义就是“在顾客满意的前提下，最大程度地控制成本”。
毕业后的第6至第10年（拓宽视野，丰富经验，开始自己的事业）	1. 希望经过自己的努力，可以到一家外贸物流公司工作，有机会学习跨国企业先进的管理理念，同时不断丰富和提高自己的管理经验，努力学习更多先进的科学技术，争取成为一名高级物流师。 2. 当筹备了足够的资金和掌握了一定的物流信息管理技术后，我就开展营销调查，确定市场定位，采用加盟的方式或独立创办属于自己的物流企业。当然后者较难，因此我更倾向于加盟。
毕业10年后（守业更比创业难，敢想是敢做的基础）	1. 也许十年后，并未像我设想的那样，那么就要在这个计划执行的过程中学会不断调整规划。 2. 或许我已经成功实现自己的目标了，但经营一家物流公司的确很不容易，我知道在经营公司的过程中，肯定会遇到各种各样的难题，公司的发展也不会那么一帆风顺。由于目前的眼界和环境所限，我并不知道会遇到什么问题，但是，无论怎样，我都不会放弃的！ 3. 我会带动员工树立“客户第一”的信念，并以最优质的服务去满足客户的需求，在客户的心中打造良好的企业形象。我要努力将我的物流公司发展壮大，争取成为中国民族物流业的标杆。

优秀毕业生案例 1

陈某毕业于某中职学校机电一体化专业。在校期间，他对机械、电工、模具等方面非常感兴趣，曾代表学校参加电工竞赛，并获得市第一名。

陈某毕业后就进入一家大企业，从普通员工做到班长、CNC 车床管理长。他觉得有知识、有基础，就有发展的潜力，而学校给他事业的起步奠定了基础。他在工作实践中灵活运用所学的知识，并不断在工作中积累经验。他认为在工作中自己要愿意去做、努力向前。同一家企业，有几百名员工，每个人都有升职的可能，如果你不在工作中努力向上，得到别人的认同，那就只能一辈子做普通员工。

现在他在公司担任 CNC 车床管理长，是工厂不可或缺的技术骨干。在工作中，他有一种成功与满足感，但他还在边做边学，汲取新知识。目前，他正在学线切割、CNC 铣床的操作运用，以进一步充实自己、提升自己。

成功的机会对每个人都是平等的，关键在于如何去把握。成功的路只有一条，那就是努力，再努力。

优秀毕业生案例 2

吴某曾就读于某中职学校对外贸易专业，现任中国联通地区分公司营业厅主任。

在中国联通营业厅见到她，她正与客户亲切交谈，剪裁合身的制服、端庄的仪态、得体的谈吐，不禁令人感叹岁月对人的磨炼。回想当年，她还是一个天真活泼的小女孩，那时她是学校的文娱积极分子，曾与班上一个男生合演小品《过河》，若干年后仍令师生们记忆犹新。

毕业后她应聘到中国联通某分公司工作，担任一名普通的营业员。工作中她爱岗敬业，积极向上，她曾有一个信念：一定要在联通公司干出个样来。她为每一位顾客提供最热情的服务，不断学习掌握业务知识，熟练电脑操作与维护。此外，她还不断提高自身的管理能力，熟悉各项营业内控工作。工作中她通过不断摸索、积累经验，取得了显著的成绩，为员工们树立了榜样。她曾获得“每月服务之星”“销售能手”“优秀员工”“先进工作者”“优秀营业人员”等称号，她也很快从一名营业员直升为营业厅班长兼任培训导师。但她没有在现有的成绩上止步，她又开始进修大专课程，进一步提升自我。

工作三年后，她勇于接受挑战，通过竞争上岗，竞聘上分公司营业厅主任一职，这对她的职业生涯来说是一次质的飞跃。因为她是个善于抓住机会的人，经常参加公司组织的培训，这为她的业务素质和个人素养的提升创造了很好的机会。正如她在竞岗时那声情并茂的演讲词中所言，她会用自己的行动实践自己的诺言：带领营业厅全体人员团结协作，为客户提供更满意的服务。

在谈及职业经历及感受时，她给我们讲到《两只青蛙的故事》：一只住在田边的青蛙去看望住在公路边的青蛙，发现它的朋友住在公路边非常危险，就劝它搬走。住在公路边的青蛙说："不搬了，我已经习惯了。"几天后，住在田边的青蛙再次去看望这位朋友时，发现它已死在公路上了。"我们千万不要做这只住在公路边的青蛙，命运掌握在自己的手中，要改变自己的命运其实很简单，只要肯去做就一定会成功！"说话时她的表情是那样的坚定与自信。

一个人能够找到实现自己价值的舞台很不容易，她是幸运的，她的幸运又来自于她充分的准备：在学校时她是合唱团和舞蹈队的成员，她热衷于演讲、体育、书法等各类体艺社团活动，她的积极向上的人生态度，她的坚定信念，她的执着精神，她良好的自我把握能力。我们也有理由相信：在今后的职业生涯的道路上她将走得更远！

优秀毕业生案例 3

阿辉，机电专业毕业生，毕业后留校，担任机电专业学生实习指导老师。在学校的机电班，他就是无人不知、无人不晓的"大人物"，人称"辉哥"。

他个子不高，话也不多，但他是一个聪明的人。在学习技能方面，他似乎有着特殊的爱好，他能一整天躲在车钳工室、数控加工室，心无旁骛，埋头钻研业务，凭着他的天赋和韧劲，他很快便在同学中脱颖而出，在市里组织的车工竞赛中，他获得了第四名的好成绩。

毕业后，他留在学校担任机电专业学生实习指导老师，他的工作对象是纯男生的机电班。奇怪的是，这些调皮的学生们却听命于他，在他的实操课上，学生们愿学并且乐在其中。这是为什么呢？用他的话来说："我也是从学生时代走过来的，我与他们的相似点很多，我了解他们，我也理解他们。工作中我的诀窍就两点：一是跟学生多接触；二是从内心真正对他们好。"确实，在教学中，他是在用自己的心来感化学生。实操课前，他帮学生们精心准备实习用具，对学生们是有求必应；训练中，他手把手地教学生，不嫌脏，不怕累；课程结束，他严格按照学校 6S 管理要求，把场室收拾得井井有条。他热爱这个专业，他也爱着这些学生们，只要一说到他与学生的事情，他总是滔滔不绝，脸上洋溢着灿烂的笑容。工作中，他很忙，忙指导学生，忙钻研业务；生活中，他很沉静，从不因为取得的诸多成绩而有一丝一毫的张扬。由于他态度认真，工作负责，受到了师生们的一致好评，他被评为学校"服务育人先进个人"，这也是学校给教辅后勤人员的最高奖励。

他是一个勤奋的人，实操课又脏又累，他只是埋头苦干，毫无怨言；他是一个有进取心的人，面对日新月异的机械专业技术，他有一股钻研的韧劲，他的实操技能和编程水平丝毫不逊色于专业教师。他多次指导学生获得个人第一、第二、第三名，团体第一名的好成绩，他本人也获得了"优秀指导教师"荣誉称号。

从一名学有所长的学生，到一名成绩斐然的专业实习指导老师，他在专业成长的道路上越走越远，其实，如果他去工厂，月薪更高，为什么不考虑出去闯闯呢？他说："我喜欢学校的环境，硬件设备好，在这里我能不断地学习新东西。我也喜欢这里的老师和学生。"说话时他双手紧握，我们这才发现，他虽然年纪不大，双手却长满茧，这是长期与那些机械器具触摸磨出的老茧。他又笑笑说："工作中最重要的是开心，自己做的事情能够被身边的人认可，能使身边的人快乐，我就很开心了……"

第八章 创 业

本章旨在帮助学生树立创业意识，明确创业的意义，并了解创业者应具备哪些素质和能力以及创业应做哪些方面的准备工作。

建议学生课内外活动都认真完成，有条件的话，要进行市场调研，并访问一个成功的创业者。

第一节 创业能力

学习目标

1. 了解创业的基本知识及创业者所需具备的能力。
2. 理解中职生创业优势及劣势，培养基本的创业能力。

职业角

案例

1989年，在山城重庆开着一家小五金杂货店的夏某，忽然发现来买水管接头的人多了起来。他觉得很奇怪，这些人买这么多水管接头干什么用？后来一打听，才发现是一些先富起来的山城人，为了自身和家庭财产的安全，开始加固家里的门窗。买水管接头，就是为了将它们焊接起来，做成铁门防盗，那时候还没有防盗门的概念。夏某发现这个秘密后，立即意识到自己的机会来了。他马上租了一个废置的防空洞，买来工具，刨、锯、焊、磨等，干了起来。一个多星期，他就做了20多扇“铁棍门”，赚了一大笔钱。后来顺着这个思路不断发展，就有了现在的美心防盗门，与盼盼防盗门一起，成为中国防盗门行业两个响当当的品牌。原来的五金店小老板变成了现在的防盗门大老板，成为山城重庆的一位创业家。

点评：一扇门里一个世界，只要找对了这扇门的钥匙，你就能走进这个世界。成功并非遥不可及。在我们日常生活中，有很多不被大多数人注意的细节，比如一句不经意的话、一则不起眼的消息、一个不平常的现象，它们经常一闪而逝，却往往蕴藏着无限的商机。要学会做生活中的有心人，善于捕捉这些细微之处的商机。

就业小技巧

创业能够带给我们什么

创业，简单来说，就是创办企业、创立事业。“创”意味着不是被动，而是主动地为自己或者他人创造“饭碗”。它需要花费大量的时间、艰辛的努力，还要承担相应的财务、精神、社会风险。创业不易，但还是有许多人“明知山有虎，偏向虎山行”，创业能带来什么呢?

一、实现自我价值

美国心理学家亚伯拉罕·马斯洛提出，人的需求是一个从低到高的发展层次，即生理需求、安全需求、社会需求、尊重需求和自我实现需求。因为创业而赢得的尊重、威望，以及对社会及家庭做出贡献实现的自我价值，会比拥有物质财富所获得的快乐大得多。

二、高度的自由感

你可以自己决定什么时间用什么方式工作，不用被办公室或者企业单位的条条框框所束缚。虽然有时候会没日没夜地加班，但这样做都是为了自己，只要有资本、有能力，你就有广阔的展示才华的舞台。这种主宰自己命运的感觉往往令人十分兴奋。

三、创造更多财富

创业者之所以创业，很大程度是为了让生活过得更好。他们通过发现市场需求并提供有价值的产品或服务，打造属于自己的企业，并获得盈利。可见，创业致富是需要具备一定能力的。同时，在成功创业者的辉煌背后，我们也要看到他们艰辛的付出。

四、积累宝贵经验

创业无论成功或失败，对每个人来说都是难得的人生体验和积累。成功固然可喜，也需总结经验，方能继续前行。失败或许让人失落，却是取之不尽的活教材。要认识到创业的过程就是在不断的失败中摸索才走向成功的。

你有创业者的能力吗

“我要做老板”说起来简单，但却是一件极具挑战性的事情。通常来说，创业者必须具备以下能力。

一、决策能力

决策能力是创业者的核心能力。创业者是一个领导者，要从全局出发，超前设计企业的发展方向、目标、战略，在实施过程中抓住机遇，果断判断，勇担责任。创业者的决策能力直接决定了企业的发展和成功。

二、管理能力

创业者的管理能力是指对人员、资金的管理能力。它涉及人员的选择、使用、组合和优化，也涉及资金聚集、核算、分配、使用、流动。作为创业者，只有学会如何最大限度地利用人才，最大限度地整合资源，才能在市场中形成竞争优势。

三、交往能力

创业的本质是在与人打交道。企业只有建立良好的人际关系，才能活起来。在企业内部，人是最基本的元素，要协调好下属各个部门成员之间的关系；在企业外部，无论是寻找资源还是获取客户，都需要与人打交道。

四、创新能力

创新能力是创业者成功的前提条件。在市场经济时代，竞争异常激烈，如果不能根据客观环境的变化发现新的商机，及时提出新的目标、新的计划，不断开拓新的局面，企业就很容易被淘汰。

五、应变能力

创业过程中常常伴随着各种挑战和困难，只有应对得当，才能够保持强大的竞争力。创业者的应变能力越强，企业的竞争力越强；反之，创业者的应变能力弱，企业的生存和发展就面临着巨大的威胁。

中职生创业的优势及劣势

创业没有门槛，中职生若要创业，既需要做好一些准备，也要分析自己的优劣势。

一、中职生创业的优势

首先，中职生具有专业优势。职业学校重视专业知识的学习，中职生在校就掌握了一门甚至数门技术，有助于在未来专业领域的创业，而且学校组织的丰富的社会实践、实习等为中职生了解企业运作、经营管理创造了条件。其次，中职生接受过职业素质教育。学校开设了各门思政、专业课程，培养学生的职业精神、法治意识、创新精神、职业能力等，直接或间接地培养了创业者的能力。最后，中职生年轻。因为年轻，中职生适应性、可塑性强。他们有更多的时间去实践，哪怕是失败了，也能积累丰富的创业经验。

二、中职生创业的劣势

首先，管理能力及社会经验不足、商业交际能力的缺乏都是创业的短板。其次，投资者对于刚出茅庐的创业者不太热情。最后，年轻是优势也是劣势，年轻会给人不够稳重、难以信任的印象。

机会总是留给有准备的人。只要坚定创业的方向，发扬自身的优势，克服不足，就一定能找到适合自己的创业之路。

活动园

测试：你是否适合创业

1. 请在相应的选项上做上标记填写。

(1) 你的性别：A. 男　　B. 女

(2) 你有创业意向吗？A. 有　　B. 无

(3) 你的身边有创业的吗？A. 有　　B．无

(4) 你的年级：____________

2. 请对下面的陈述，根据你的情况，在相应数字上做上标记。

1—极为同意　2—比较同意　3—同意　4—比较不同意　5—非常不同意

(5) 我不喜欢在不熟悉的环境下工作，即使无人知道也一样。　1　2　3　4　5

(6) 面临我没有把握克服的难题时，我会非常兴奋、快乐。　1　2　3　4　5

(7) 如果有困难的工作要做，我希望不要分配给我。　1　2　3　4　5

(8) 如果我是老板，我会很重视新生产线或服务业务项目引进。　1　2　3　4　5

(9) 如果我是老板，我会强调对生产或服务项目做根本性的改变。　1　2　3　4　5

(10) 如果我是老板，我会特别强调研究与开发及创新。　1　2　3　4　5

(11) 如果我是老板，在应对竞争时，我通常不会第一个引进新产品/服务和技术。

1　2　3　4　5

(12) 在应对竞争时，我会采取进攻型的策略，力求击败对手。　1　2　3　4　5

(13) 如果我是老板，我会强烈倾向于高风险、有非常高的回报机会的项目。

1　2　3　4　5

(14) 总的来说，我相信大胆行动对于达成目标是必要的。　1　2　3　4　5

(15) 在面临风险和不确定性情形下做出决定时，我通常采取一种谨慎的、等等看的态度，以便降低做出高昂代价决定的可能性。　1　2　3　4　5

(16) 人完全可以把握住自己的命运。　1　2　3　4　5

(17) 只要奋斗过了，达不到目的也无所谓。　1　2　3　4　5

(18) 我不喜欢随遇而安。　1　2　3　4　5

(19) 出于发展的目的，有时必须采取一些暂时可能造成一定损害的措施。

1　2　3　4　5

(20) 既然做一件事就要把它做好。　1　2　3　4　5

(21) 收到别人的信，我总会在一两天内就回信。　1　2　3　4　5

(22) 我认为自己的能力比别人强。 1 2 3 4 5

(23) 危急时刻，我总是很冷静。 1 2 3 4 5

(24) 当工作和娱乐发生冲突的时候，我会放弃娱乐，虽然它很有吸引力。
1 2 3 4 5

(25) 有时我临睡前发誓第二天要干一件重要事情，但第二天却又没兴趣。
1 2 3 4 5

(26) 我有一些高消费的嗜好，并且我有能力承受和乐意承受这种消费。
1 2 3 4 5

(27) 如果别人把我看成身负重任的人，我会感到很高兴。 1 2 3 4 5

(28) 我容不得他人犯错误，一旦犯了，我会严厉批评或惩罚。 1 2 3 4 5

(29) 我平时喜欢学习或琢磨问题。 1 2 3 4 5

(30) 工作上遇到困难时，我经常用自己的独特方法解决问题。 1 2 3 4 5

请对照下面的评分方法，计算出你的得分为________。

【评分方法】

1. 将第 5、7、11、15、17、19、25 题的数字进行修改：5 改为 1，4 改为 2，2 改为 4，1 改为 5，其他题不变。

2. 将 5～30 题得分（即数字）相加即为总得分。

【结果分析】

26～52 分，说明你在成就动机、风险意识和创新精神及责任感方面很强，很适合创业。

53～78 分，说明你在成就动机、风险意识和创新精神及责任感方面比一般人要高些，在适当情况下可以考虑创业。

79～104 分，说明你在成就动机、风险意识和创新精神及责任感方面比一般人要低些，在考虑是否创业时应慎重。

105 分以上，说明你在成就动机、风险意识和创新精神及责任感方面比一般人要低许多，创业并非你的最佳选择。

以上测试仅供参考，不能作为是否适合创业的硬性标准。

头脑风暴法

请在下面事物中任选一项，5 分钟内尽可能多地说出它的用途。

曲别针、橡皮筋、铅笔、新拖把……

行动建议

根据创业者必备的心理素质，对“现在的我”进行自我诊断，再写写改进措施。

创业者应有特点	自我诊断			改进措施
	强	中	弱	
独立性				
合作性				
果断性				
克制性				
坚韧性				
适应性				

课后阅读

“90后”回乡创业者：干实业最踏实

两万多斤银耳，可以塞满一个200平方米的房间，打包之后需要1 300平方米的仓库存放，再从福建省宁德市古田县运往全国各地，需要至少5辆大型货车。这是2023年年初，春节假期来临前，刘健所在公司一天卖出的银耳。

在刘健2020年回到家乡福建省宁德市古田县创业时，他只想着“哪怕事业慢一点，利润薄一点，我还是愿意做实业”。

靠做电商起步

刘健清楚地记得人生中在网上卖出的第一件商品——一件69元的粉红色裙子，这一单他赚了12元。对方咨询了半个小时才下单，从尺寸、材质到能搭配什么样的鞋子、衣服。面对每个提问，他只给自己留10多秒的时间，他担心让顾客稍微等久一点，这一单就没了。

他会提前做好功课，能做到不经过大脑就可以回复。遇到过的最难沟通的客户是他卖电子产品的时候，一位六七十岁的老人瞒着子女给小孩买儿童手表，他需要从拆开后盖、插卡、开机到定位功能逐步讲解，这样细致的沟通需要两天时间。

刘健刚开始做电商的时候，一个月只有800元生活费。但很快靠着做电商，刘健在学生时期的收入就有两三万元。他明显感觉到自己状态变了，上课也没有刚入学时专心了，偶尔还会旷课，从最开始拿奖学金的成绩到了班里的吊车尾，因为差点挂科被辅导员约谈。这样的状态持续了半年，他才重新静下心来完成了大学学业。

2019年，在他毕业的那年，靠着4年的电商创业积累，他买了一辆轿车后，还剩下50多万元的存款。创业一路都很顺利的他，心气也很高，毕业后的第一份工作是成立了一个“陪玩”工作室，找一些网络游戏操作好的人，去网上接单，做陪练。但几个月，他就亏损了一大半钱。后来，他想干点更务实的事。

“凡事先做了再说”

大学时期，刘健每天放学后窝在宿舍里记笔记。如今记满的两本笔记本，依然放在他的办公室里，里面的内容早已不够用了。这些年，他看着越来越多的人涌入了电商这个行业，渠道越来越专业化，价格也变得非常透明。

刘健的父亲是最早一批栽培银耳的人。二十世纪五六十年代，古田修建了我国第一座地下水电站，并由此形成了一个大型人工淡水湖——翠屏湖。湖泊每日散发的水汽，使得周围形成了适合银耳生长发育的独特气候。

那段时间，刘健身边的叔叔伯伯、亲朋好友，包括邻居，所有人都在栽培银耳，刘健的童年也有很多时间是在菇棚里度过的，盖报纸、打水、烧炭、摘菇，都是他的日常。但很快大家就意识到作为个体户的风险，一旦银耳感染上细菌，就会整批坏掉，乡亲们两三个月的努力就白费了。不到两年时间，刘健身边的人就都不做银耳栽培了，父亲也在他读初中的时候外出务工了。

2020年，刘健回到家乡时，栽培银耳的已经很少有个体户了，当地有了更规范的体系，更大的规模，这里也成了“中国食用菌之都”，是全国袋栽银耳的发源地和主产区。如今，古田县已经是国内最大的银耳商品化生产基地。

父辈们尝试的失败，曾让刘健犹豫是否选择做银耳生意。当时他在县城里的两套房都需要还月供，一个月的开销不少，几乎到了“背水一战”的境地。但多年的电商经历教会了他“凡事先做了再说”。2020年10月，他创建了自己的第一家银耳网上商铺。

第十五天的时候，他就发现自己忙不过来了。从他大学到创业，他习惯了自己一个人单打独斗。刚开始创业时，他一个人负责回复客户的信息、包装干货、送货，只想着赚点钱，把车贷和房贷还完。直到有1 000多份订单需要48小时内发货，他才紧急招聘了十几个当地的工人帮忙。

新的机遇与挑战

2020年春节，店铺迎来了销量高峰，一天有将近上万份订单，还有其他平台的订单，加上雇用的临时工有上百人，他看着这么多人在眼前忙碌，感受到更多的是一种恐慌，害怕哪天赚不到钱了，于是他开始规划更多的商业模式。

他意识到要思考的不仅是食品安全问题，也不只是价格卖得低、产品好、服务到位就行了，需要提前预测客户的需求，培养客户的消费习惯，以此来发现新的消费增长点。

一个简单的银耳，已经更新迭代了七八代，被刘健和员工们开发出不同的套餐。他们从顾客打开快递那一刻开始设想场景，不方便泡发，他们就提前处理好；还需要购买其他搭配的食材，他们就研发出搭配百合、莲子、冰糖之类的套餐；没有时间煮，他们就处理成只需要用微波炉加热或者电饭煲煮。刘健舍弃了论斤卖银耳的传统模式，开始做精品小包装，让客户在消费成本变化不大的前提下，有了更多的消费体验。

这些都不只是单单一个团队可以完成的，商品看似简单的配比，背后需要更多的人工、设备及供应链。一有新的概念，刘健就马上去尝试，这些年他做电商一直有“摸着石头过河”的感觉，“不知道这个事情到底有没有结果，但如果不去做肯定是没有结果的”。

如今，公司逐渐步入了正轨，而且也有更多和刘健一样的人选择回到家乡。在当地普遍每月工资3 000元的环境下，他开出8 000元的月薪吸引了更多大学毕业生。目前在40多人的公司里，大学毕业生已经超过了三分之一。

公司也从一家店开到了十家店，主要分布在四个电商平台上。刘健也放手将每一家店交给一位店长单独管理。去年，公司在各电商平台的总销售额超过了5 000万元。

如今，和创业初期的想法不同，刘健有了新的目标——2023年销售额超过1亿元。

资料来源：龚阿媛．“90后”回乡创业者：干实业最踏实［N］．中国青年报，2023-04-11（6）．

第二节　创业规划

学习目标

1．了解创办企业的基本知识。

2．学习编制创业计划书，培养创业规划能力。

3．树立“创业我能行”的积极情感和态度。

职业角

案例

季某是某大学艺术设计专业2015级学生，开设了一家画室，从事美术类高考考生的考前培训。在创业之前她有着非常丰富的勤工俭学经历。在经历了一系列的兼职后，季某在大二就开始了自己的第一次创业：她投资了10 000多元和别人合伙开了一家奶茶店。可由于对合伙人的了解不足，她们在经营中产生了矛盾，不久奶茶店的经营以失败告终，不但没有盈利，还亏损了4 000多元。她调整状态，和同学一起投资创办了一个工作室，主要进行广告板和封面的设计，开始了第二次创业。工作室经营一段时间后，她收回了成本，并且能解决自己的生活费，但因为工作室的业务与自己的学习冲突，所以放弃了。在有了两次创业的经验和教训的基础上，她又投资2 000多元办起了一家画室。因自己对美术很有激情，而且拥有通过美术考试升学的亲身体会和成功经验，画室的经营目前较为顺利，并有一定的盈利。

点评：季某两次创业失败的原因都是对实际情况的掌握不足，第一次是对合伙人不了解，第二次则是未考虑到自己的学习情况，而第三次创业则考虑到了自身情况和社会需要，所以较为成功。

就业小技巧

创业路上的建议

创业如果没有规划，只是一味地模仿和投机，注定会处处碰壁。了解创业的过程，制定出战略规划，高屋建瓴地开展实施，可以减少日后的挫败和损失。

一、准备

（1）创什么业。企业有许许多多的类型，让人眼花缭乱，从事哪一类型要抓住两点：自己的专长、市场的需要。只有将自己关心的、喜欢的并擅长的方向结合商品或服务的市场需求，才能真正有发展。

（2）市场分析。创业时要对国家政策及本地经济发展方向、生活水平、消费趋势、自然气候、地理条件等进行调查，掌握大量市场信息，并据此认真研究分析自己创办企业的可行性、有利条件和不利因素，评估企业未来在市场上的发展状况。

（3）制订计划。结合上述的思考，拟订创业计划书。创业计划书的主要用途是递交给投资商，以便于他们做出评判，决定是否投资。创业计划通常是市场营销、财务、生产、人力资源等职能计划的综合。

二、启动

（1）办理手续。如果是开家店铺卖东西，大致需要办理以下证件：第一，到当地市场监督管理局申请办理工商营业执照；第二，到当地税务局申请办理税务登记证；第三，到当地质量技术监督局申请办理组织机构代码证；第四，到当地银行开设银行账户；第五，到当地消防部门申请办理消防安全检查合格证；第六，如果销售食品，到当地卫生监督部门办理卫生许可证；第七，如果销售烟草产品，到当地烟草专卖局办理烟草专卖许可证。此外，根据当地政策和规定，可能还要办理其他证件。不同地区和不同行业的证件要求会有所不同，具体证件要求可以咨询当地相关部门。

（2）组建团队。一个优秀的创业团队通常包括有管理和技术经验的经理和财务、产品设计、开发等的技术专家、市场推广专家等。创业者只有善于凝聚人心、统一思想、统一目标、合理分工，才能让团队的互补性达到最佳状态。

（3）筹备资金。开办企业之前，创业者有必要进行财务预算，包括开办企业必须购买的物资和必要的其他开支，大致分为固定资产投资、开办费（办证费、加盟费等）、流动资金。大多数创业团队没有足够的资本创办一个新企业，他们需要寻找外部投资商。这时候，创业计划书就显得尤为重要了。

三、运营

准备妥当，企业就可以开始运营了。这个过程是企业不断完善运营体系并规范管理模式，逐渐形成适合自己的发展方式的过程。在这个过程中，营销手段和宣传推广是必不可少的。酒香也怕巷子深，这是让一家企业或店面维持市场活跃度的关键。

四、发展

当前几个阶段都平稳度过之后，就是发展壮大了。企业可以通过科技创新来实现自我突破，也可以通过壮大团队来扩大规模。如果五六年后获得成功，投资商会帮助企业走向社会，发行股票，成为上市公司。

活动园

活动：合作创业

群策群力，想想适合所学专业特点的创业项目，分小组模拟这些创业项目的经营。

1. 活动内容：创建公司，编制模拟创业计划书。

2. 活动要求：组建自己的公司，对公司成员进行分工，彼此互相介绍，并谈谈自己对公司的热切期望。

3. 活动过程：全班同学每六人组成一组，建立自己的公司组织。每个成员轮流作自我介绍后，集体讨论，起一个响亮的或富有积极意义的名字，设计一句口号。

4. 填写公司成员的分工及职责。

5. 描绘自己公司的前景。各公司派代表上台交流自己的创业思路。

6. 教师寄语或评价。课后编制出模拟创业计划书。

公司名称			
口号			
成员	职务	职责范围	联系电话

创业项目计划书样本

一、计划书摘要

创业项目计划书摘要，是全部计划书的核心之所在。

（一）投资安排

资金需求数额	（万元）	相应权益	

（二）拟建企业基本情况

公司名称	
联系人	
电话	
地址	
项目名称	
企业的主营产业	

二、业务描述

即主要发展战略目标和阶段目标，这是需要介绍投入研发人员和资金计划及所要实现的目标，主要包括：

1. 研究资金投入。

2. 研发人员情况。

3. 研发设备。

4. 研发产品的技术先进性及发展趋势。

三、产品与服务

（一）产品与服务介绍

创业者必须对自己的产品或服务创意进行介绍，主要有下列内容：

1. 产品的名称、特征及性能用途；企业的产品或服务及其对客户的价值。

2. 产品的市场前景和竞争力。

（二）生产经营计划

其主要包括以下内容：

1. 新产品的生产经营计划。生产产品的原料如何采购、供应商的有关情况、劳动力和雇员的情况、生产资金的安排以及厂房、土地等。

2. 将要购置的生产设备。

3. 生产工艺流程。

四、市场营销

（一）营销思路

介绍企业所针对的市场、营销战略、竞争环境、竞争优势与不足等。

（二）目标市场

这里应解决以下问题：

1. 企业的细分市场是什么？

2. 企业的目标顾客群是什么？

3. 企业的5年生产计划、收入和利润是多少？

4. 企业拥有多大的市场？企业的目标市场份额为多大？

5. 企业的营销策略是什么？

（三）行业分析

这里应该回答以下问题：

1. 该行业发展程度如何？

2. 现在发展动态如何？

3. 该行业的总销售额有多少？总收入是多少？发展趋势怎样？

4. 经济发展对该行业的影响程度如何？

5. 政府是如何影响该行业的？

6. 是什么因素决定它的发展？

7. 竞争的本质是什么？企业将采取什么样的战略？

8. 进入该行业的障碍是什么？企业将如何克服？

（四）竞争分析

这里要回答如下问题：

1. 企业的主要竞争对手是谁？

2. 企业的竞争对手所占的市场份额和市场策略怎样？

3. 可能出现什么样的新发展？

4. 企业的核心技术（包括专利技术拥有情况、相关技术使用情况）和产品研发的进展情况以及现实物质基础是什么？

5. 企业的策略是什么？

6. 在竞争中企业的发展、市场和地理位置的优势在哪里？

7. 企业能否承受竞争所带来的压力？

8. 企业的产品或服务的价格、性能、质量在市场竞争中所具备的优势？

（五）市场营销

企业的市场营销策略应该说明以下问题：

1. 营销机构和营销队伍。

2. 营销渠道的选择和营销网络的建设。

3. 广告策略和促销策略。

4. 价格策略。

5. 市场渗透与开拓计划。

6. 市场营销中意外情况的应对策略。

五、管理团队

（一）全面介绍企业管理团队情况

这里主要包括：

1. 企业的管理机构，主要股东、董事、关键的雇员、薪金与奖惩制度及各部门的构成等情况都要清晰地展示出来。

2. 展示企业管理团队的战斗力和独特性，以及与众不同的凝聚力和团结精神。

（二）列出企业的关键人物

例如，关键人物之一：

姓　　名	
角　　色	
专业职称	
任　　务	
专　　长	

续表

主要经历					
时　间	单　位		职　务	业　绩	
所受教育					
时　间	学　校			专　业	学　历

（三）管理团队的优势与不足

介绍企业管理团队的优势及存在的不足。

六、资本结构

列出企业的资本结构情况：

迄今为止有多少资金投入企业？	
目前正在筹集多少资金？	
下一轮投资打算筹集多少资金？	
企业可以向投资人提供的权益有	□股权　□可转换债　□普通债权　□不确定

目前资本结构表

股东成分	已投入资金	股权比例

七、风险分析

即企业面临的风险及对策，详细说明项目实施过程中可能遇到的风险，提出有效的风险控制和防范手段，包括技术风险、市场风险、管理风险、财务风险及其他不可预见的风险。

八、其他说明

例如，介绍你认为企业成功的关键因素是什么。

行动建议

在陪父母、朋友到餐馆吃饭、商店购物时，观察经理、收款员、服务员、售货员的工作状态及菜肴、商品的价格和特点，了解各岗位的规范及其落实情况。

平时注意收集有关信息和资料，多阅读各种报纸杂志，收听收看广播电视，把自己感兴趣的新产品、新技术、新发明、新专利、新思想等及时记录下来，为将来的创新、创业活动积累资料。

课后阅读

超五成受访小店店主认可开店是一种不错的创业选择

2023 年 5 月起，本报发起“了不起的青春小店”寻访调研，调研组探访了全国 60 多个城市的青春小店并对小店店主进行问卷调查，共回收有效样本 226 个。样本构成如下：

年龄：平均年龄为 28.1 岁。“00 后”占 38.9%，“95 后”占 21.2%，“90 后”占 12.4%，“85 后”占 9.3%，“80 后”占 10.2%，“75 后”占 8.0%。

学历：初中及以下占 4.4%，高中/中职占 16.4%，大专/高职占 19.0%，本科占 54.9%，硕博研究生占 5.3%。

所在地：一线城市占 14.6%，二线城市占 31.0%，三四线城市占 33.6%，县城或城镇占 16.8%，农村占 4.0%。

开店年限：1 年以内的占 33.6%，1～3 年（不含）的占 30.5%，3～5 年（不含）的占 13.3%，5～10 年（不含）的占 9.3%，10 年及以上的占 13.3%。

在社交媒体平台上，许多青年创业者分享开店的经历。开一家属于自己的小店是一种怎样的体验？在这 266 家小店中，50.9%的受访小店店主觉得开小店是一种不错的创业选择，50.0%的受访小店店主觉得开小店满足了个人兴趣爱好。与此同时，中国青年报社社会调查中心联合问卷网，对 1 666 名受访者进行的一项调查发现，超八成(84.3%）受访者喜欢逛小店。

四成多受访小店店主认为，给自己“打工”更有动力

来自湖南岳阳的“95 后”小伙雷红辉两个月前在家乡开了一家新中式茶饮店，这是他人生的第一家线下小店。他本是学机械维修安装的，18 岁从职业学校毕业后，他想让自己的人生有更多选择，于是只身前往长沙创业，从网店开始做起。在雷红辉看来，现在年轻人的思维比较活跃，许多人开小店是为了给生活增添一些希望。

32 岁的田甜目前在成都运营一家花店，已经开店 3 年了。此前，她曾经在一家服装店做销售。比起上班时按照既定规则做事，田甜觉得创业更考验自己的能力，“什么都自己做主，面对客户会更自信一些”。创业以来，田甜感觉干活更有底气，心态也更沉稳了。

在调查中，奶茶店、咖啡店、餐馆、便利店/小超市是受访小店店主开设较多的小店类别。对于开小店，43.8%的受访小店店主认为，给自己“打工”更有动力，40.7%的受访小店店主表示这是一份更加灵活自由的工作。

不仅是小店店主认同自己的工作，普通大众也正被小店带来的烟火气所感染。调查中，超八成（84.3%）受访者喜欢逛小店。对于小店店主这种职业选择，50.7%的受访者认同“给自己‘打工’，更有动力”，一线城市受访者对此认同度更高。

在南京工作的“90后”黄帅平时喜欢逛周边的一些小店，最能提起他兴趣的是一些特色的手工艺品和纪念品店。租房时，有小店的地方往往是他的第一选择，“这些地方更有生活气息，平时吃饭也更方便”。

他觉得现在年轻人之所以愿意开一家小店，是为了在时间上更自由，也能尽可能地做自己喜欢的事。他想等有了一定积蓄后，开一家类似音乐吧的小店，给大家提供一个聚会的空间，“我希望能创造一个有品位、受年轻人喜爱的环境”。

来自福建三明的美食博主廖元清则觉得，如今开小店的准入门槛在降低，但仍然不能盲目开店，如果没有做好市场分析，没有掌握一定的市场营销知识，容易失败。

小店让生活更便捷、充满烟火气

作为一名美食博主，廖元清有着10余年的探店经历。他发现，近一年自己的家乡开起了各式各样的特色小店，“很多都是之前没有的品类，而且大部分是年轻人开的”。在探店过程中，他发现特色小店要么环境特别，在装修和装饰上比较有格调和地域特色；要么产品比较特别，能够满足年轻人多样化的需求。

廖元清还发现，身边有许多开在社区中的特色小店。“现在年轻人开店有一种交朋友的感觉，与顾客之间的关系很像以前邻里之间的感觉。这些社区小店把人与人的距离拉近了。”

大家会用什么词汇来形容周边的小店？数据显示，“方便”“实用”“各有特色”是排名前三的关键词，除此之外，“有烟火气”“生活的一部分”也是受访者形容小店的主要关键词。

“许多特色小店正在发掘更多传统的东西。”廖元清发现，现在有的茶叶店不仅卖茶叶，还会深入挖掘茶文化、宣传茶文化，拓展小店的文化教育功能。

四川省内江市资中县的“90后”情侣付月和黄玉在当地开了一家小吃店，主要做广式糖水和四川当地的小吃。因为对美食烹饪有着浓厚的兴趣，他们一直很想开一家属于自己的美食小店。小县城的租金、人工成本都很低，这让他们可以更加专注地投入在研发产品上。随着产品的不断优化，他们的顾客越来越多，口碑也逐渐累积起来，一天的营业额从原来的200多元提升到现在的1 000多元。他们的梦想也正在慢慢实现。

资料来源：吴欣宇，王志伟，孙山．超五成受访小店店主认可开店是一种不错的创业选择［N］．中国青年报，2023-12-14（10）．

优秀毕业生案例

小张毕业于某中职学校农学专业。他上学时，农业种植专业并不受青睐，但他却学得有声有色。毕业后，步入竞争激烈的社会，有些内向的他，决定先跟随别人打工。他跟着别人在菜场学习。有人会认为，不就是种菜嘛，哪有这么复杂啊？其实不然，用他的话说："无论从事哪一种行业，首先要了解这一行各方面的知识，吸取经验，只有专业加专心才能获得成功。"后来，他凭着自己所获得的经验、拥有的知识，开始自立门户。他充分发掘自己身边特有的资源进行投资开发。他的每一天都是忙碌而充实的，每天下午五点开始上班，一直工作到第二天早上五点。他的菜主要供给澳门地区，每天供应十几吨。当时，销售、货源都比较困难，但他的菜供不应求。现在，他已发展到拥有三台车，租种 800 亩土地的规模，光租金一年大约 40 万元。随着规模的扩大，对管理的要求越来越高，他采用了"公司＋用户"的模式来管理，让农民租种菜地，他负责上门包销，做上了真正的老板。并不擅言辞的他，依靠自己的踏实勤奋，走出了一条自主创业的成功之路，为更多的中职学子走上创业之路树立了榜样。

参考文献

［1］高居红．就业与创业指导．2 版．北京：电子工业出版社，2016.

［2］傅筠，黄道平．创新·创业与就业．北京：机械工业出版社，2013.

［3］龙仁志，王倖俊，范进中．就业指导与创业教育．长春：吉林大学出版社，2015.

［4］严水荷，黄威武，彭招建．就业指导与创业教育．长沙：中南大学出版社，2017.

［5］刘德恩．就业设计．3 版．上海：华东师范大学出版社，2022.

［6］杜志敏．心理素质与综合能力训练教程．2 版．北京：化学工业出版社，2007.

［7］宦平．职业指导．2 版．北京：中国劳动社会保障出版社，2005.

［8］彭贤，马恩．大学生职业生涯规划活动教程．北京：清华大学出版社，北京交通大学出版社，2010.

［9］李业明．职业生涯规划与就业指导．上海：上海交通大学出版社，2022.

［10］温树田．就业与创业指导．4 版．北京：人民卫生出版社，2023.

［11］肖胜阳．中职生职业素养能力训练（下册）．北京：高等教育出版社，2013.

图书在版编目（CIP）数据

中职生就业指导 / 何青好，陈苇宜，慕绍鑫主编
. -- 北京 : 中国人民大学出版社，2023.12
中等职业教育精品教材
ISBN 978-7-300-32552-1

Ⅰ. ①中… Ⅱ. ①何… ②陈… ③慕… Ⅲ. ①职业选择－中等专业学校－教材 Ⅳ. ①G717.38

中国国家版本馆 CIP 数据核字（2024）第 011488 号

中等职业教育精品教材
中职生就业指导
主　编　何青好　陈苇宜　慕绍鑫
副主编　余　霞　刘艳惠　罗　涛　罗春祥　廖新有
Zhongzhisheng Jiuye Zhidao

出版发行	中国人民大学出版社		
社　　址	北京中关村大街 31 号	**邮政编码**	100080
电　　话	010－62511242（总编室）		010－62511770（质管部）
	010－82501766（邮购部）		010－62514148（门市部）
	010－62515195（发行公司）		010－62515275（盗版举报）
网　　址	http://www.crup.com.cn		
经　　销	新华书店		
印　　刷	北京昌联印刷有限公司		
开　　本	787 mm×1092 mm　1/16	**版　　次**	2023 年 12 月第 1 版
印　　张	10.5	**印　　次**	2023 年 12 月第 1 次印刷
字　　数	212 000	**定　　价**	28.00 元
